SUPERDOTAÇÃO e ALTAS HABILIDADES

Dados Internacionais de Catalogação na Publicação (CIP)
(Câmara Brasileira do Livro, SP, Brasil)

Milan, Lara
 Superdotação e altas habilidades : o que fazer e o que evitar :
guia rápido para professores do Ensino Fundamental :
Anos Finais / Lara Milan ; tradução de Moisés Sbardelotto;
revisão técnica de Isadora Sampaio – Petrópolis, RJ : Vozes, 2025. –
(Coleção o que Fazer e o que Evitar)

 1ª reimpressão, 2025

 Título original: Plusdotazione e talento.

 ISBN 978-85-326-7077-9

 1. Educação 2. Prática pedagógica 3. Professores – Formação
4. Talento 5. Superdotados – Educação I. Título. II. Série.

24-232281	CDD-371.95

Índices para catálogo sistemático:
1. Superdotados : Educação   371.95

Eliete Marques da Silva – Bibliotecária – CRB-8/9380

Lara Milan
(SEM) Italy

SUPERDOTAÇÃO e ALTAS HABILIDADES

O QUE FAZER E O QUE EVITAR

guia **RÁPIDO** para professores do

ENSINO FUNDAMENTAL

o ANOS FINAIS o

Tradução de Moisés Sbardelotto

EDITORA VOZES

Petrópolis

© 2023, by Edizioni Centro Studi Erickson S.p.A.,
Trento (Itália)
www.erickson.it
www.erickson.international

Tradução do original em italiano intitulado
Plusdotazione e talento –
Cosa fare (e non) – Scuola primaria –
guida rapida per insegnanti

Direitos de publicação em língua portuguesa – Brasil:
2025, Editora Vozes Ltda.
Rua Frei Luís, 100
25689-900 Petrópolis, RJ
www.vozes.com.br
Brasil

Em colaboração com

Revisão técnica: Isadora Sampaio
Diagramação: Littera Comunicação e Design
Ilustrações: CarciofoContento
Revisão gráfica: Fernando Sergio Olivetti da Rocha
Capa: Edizioni Centro Studi Erickson S.p.A
Arte-finalização: Érico Lebedenco
Ilustração de capa: CarciofoContento

ISBN 978-85-326-7077-9 (Brasil)
ISBN 978-88-590-3154-3 (Itália)

Este livro foi composto e impresso pela Editora Vozes Ltda.

SUMÁRIO

APRESENTAÇÃO

Caras professoras e professores,

Sou uma especialista em Educação para Superdotação e Altas Habilidades e, há mais de 10 anos, ocupo-me do desenvolvimento do talento e do alto potencial. Meu interesse por essa temática, ainda tão pouco conhecida, levou-me a estudar modelos e estratégias de ensino no exterior, particularmente nos Estados Unidos, onde as necessidades educacionais especiais dos estudantes *superdotados*, *superdotados* com baixo desempenho escolar e duplamente excepcionais* são amplamente conhecidas e apoiadas. Minha formação profissional me leva a observar os estudantes através das lentes do potencial, tentando identificar os pontos fortes e de interesse para construir propostas educacionais personalizadas, capazes, por um lado, de estimular as necessidades cognitivas elevadas dos estudantes *superdotados* e, por outro, de mantê-los "ligados" à escola, pois frequentemente se queixam de tédio, o que pode levá-los progressivamente a um sub-rendimento e, em alguns casos, ao abandono escolar.

Minha formação profissional internacional e a experiência adquirida no campo me levaram a aderir a uma visão menos eli-

---

* A tradução do termo *superdotados* é "dotado". Em muitas línguas europeias, incluindo o italiano [e também o português – N.T.], o termo foi traduzido adicionando ao substantivo os prefixos "plus-", "super-", "sur-", "sobre-". Neste livro manteve-se o termo inglês original também para o termo superdotação, com o qual se define a superdotação. O termo *superdotados* e seus compostos não foram traduzidos e estão indicados em itálico. [Seguindo a escolha da autora, os termos em inglês no original em italiano também não foram traduzidos ao português e estão indicados em itálico – N.T.]

tista da superdotação, adotando uma abordagem inclusiva que permita desenvolver as potencialidades, manifestas ou ocultas, de todos os estudantes e, ao mesmo tempo, planejar atividades estimulantes para desafiar os estudantes mais dotados ou academicamente avançados que necessitam de oportunidades e ritmos de aprendizagem diferentes da turma.

Há algum tempo a pesquisa nesse campo distanciou-se de uma visão puramente psicométrica da inteligência, aderindo a uma visão da superdotação como um construto multicomponente e sugerindo a adoção de uma abordagem de identificação multicritério da superdotação. Essa abordagem convida a valorizar a neurodiversidade da qual cada um de nós é portador. A esperança é de que tal perspectiva possa não só garantir que instrumentos, metodologias e profissionalismo sejam dedicados a responder às necessidades educacionais especiais dos estudantes *superdotados*, mas também que tais recursos humanos e materiais possam beneficiar toda a turma, desenvolvendo os dons e os talentos em um percentual maior do que os tradicionais 2% da população escolar para os quais tais serviços são tradicionalmente reservados e que são conhecidos pelo nome de *Programas de Enriquecimento para Altas Habilidades (Superdotados Programs)*.

Essa visão inclusiva não equivale a dizer que todos os estudantes são *superdotados*, mas sim a compreender que é possível desenvolver plenamente o potencial de todos e de cada um, em uma perspectiva inclusiva.

Nesse sentido, o "Modelo de Enriquecimento Escolar", de Renzulli e Reis, representa um marco no campo da pesquisa em

Educação para Superdotação e Altas Habilidades, pois permite estender tal pedagogia a toda a população escolar, proporcionando oportunidades, recursos e incentivo para desenvolver plenamente os múltiplos dons e talentos de todos os estudantes e, ao mesmo tempo, oferecendo atividades de enriquecimento e de aceleração capazes de estimular os estudantes *superdotados*. Tal pedagogia, baseada nos pontos fortes dos estudantes, possibilita reconverter o processo de baixo desempenho e evitar o abandono escolar, além de responder às necessidades educacionais dos estudantes duplamente excepcionais.

INTRODUÇÃO

A superdotação

O termo *superdotação* é utilizado para descrever um conjunto de características genéticas, psicológicas e comportamentais que caracterizam as crianças e os adolescentes *superdotados*, que constituem aproximadamente 2% da população escolar. No contexto internacional, existem muitas concepções e definições de *superdotação*, e a mais difundida é a da National Association for Superdotados Children (2010), que define as crianças *superdotadas* como aquelas que, em comparação com seus coetâneos, mostram ou têm o potencial de mostrar níveis excepcionais de *performance* em uma ou mais das seguintes áreas:

- capacidade intelectual geral;
- aptidão escolar específica;
- pensamento criativo;
- aptidão à liderança;
- artes visuais e performáticas.

Como reconhecer os estudantes superdotados

A superdotação é um conceito multicomponente e, portanto, requer um sistema de identificação multicritério para sua avaliação, a fim de evitar erros de diagnóstico e não diagnóstico.

No entanto, permanece viva uma visão puramente psicométrica da superdotação, que se vale essencialmente dos testes de quociente de inteligência (QI). No Brasil, o termo "*altas habilidades*" (*ou alto potencial*) geralmente é associado a um QI ≥ 120, enquanto o termo "superdotação" (*superdotados*), a um QI ≥ 130.

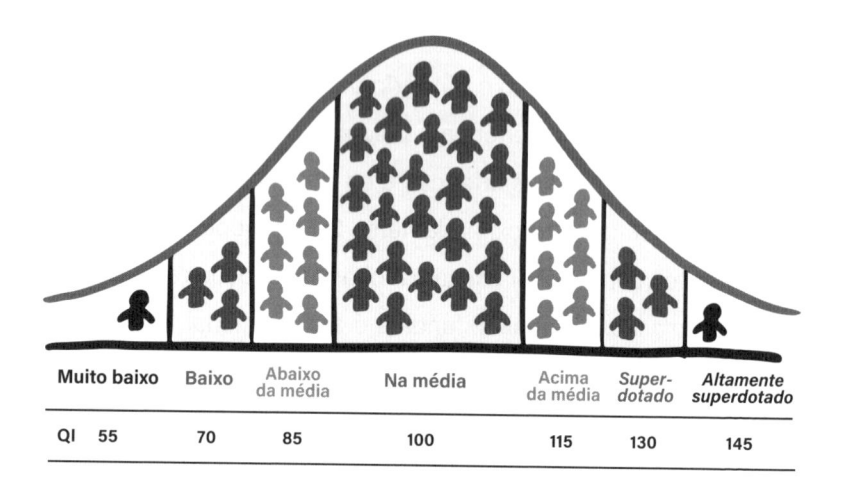

Muito baixo	Baixo	Abaixo da média	Na média	Acima da média	*Super-dotado*	*Altamente superdotado*
QI 55	70	85	100	115	130	145

A *superdotação* não deve ser confundida com o modo como ela é medida, pois o QI é apenas um dos parâmetros para identificar um indivíduo superdotado. O QI não é a *superdotação*, mas apenas um fator que indica que a *superdotação* pode existir (National, 2011).

Em essência, a criança e o adolescente superdotado não só têm uma inteligência quantitativamente diferenciada, mas também qualitativamente: uma modalidade de funcionamento diferente, que se distingue pela capacidade de pensar de modo divergente e criativo, de resolver problemas complexos, de pensar de maneira abstrata, de aprender rapidamente, processando uma grande quantidade de dados, e de fazer isso mais rapidamente do que os outros.

A rápida associação de ideias muitas vezes não encontra correspondência na tradução gráfica, já que os pensamentos são mais velozes do que a mão, e, portanto, sua caligrafia às vezes pode ser realmente difícil de decifrar.

Já está bem estabelecido que existe uma estreita relação entre fatores neuroanatômicos, comportamentais, genéticos, socioculturais, familiares e ambientais no desenvolvimento da superdotação (Bloom, 1985; Sternberg, 2001; Subotnik, Olszewski-Kubilius & Worrell, 2011).

Além disso, devemos ter em mente a situação dos estudantes duplamente excepcionais (2e): estudantes que, por um lado, manifestam uma trajetória de desenvolvimento atípico (transtornos de aprendizagem, Transtorno do Déficit de Atenção/Hiperatividade – TDAH, autismo, síndromes de base genética ou transtornos do comportamento) e, por outro, apresentam um alto potencial e níveis de excelência. em um ou mais campos. Nessas crianças e adolescentes duplamente excepcionais, o transtorno de aprendizagem pode mascarar a *superdotação*, assim como a *superdotação* pode mascarar o transtorno de aprendizagem (*efeito de encobrimento*).

A falta de reconhecimento das necessidades educacionais especiais dos estudantes *superdotados* determina uma contínua carência de estímulos, que pode dar origem a problemas de comportamento e de adaptaçao. É tarefa de cada professor e professora criar um ambiente de aprendizagem estimulante, motivador e encorajador, pois é somente com intervenções educacionais adequadas que o adolescente poderá desenvolver plenamente seu potencial e ter um desenvolvimento harmonioso.

É fundamental que os estudantes *superdotados* sejam reconhecidos e valorizados o mais precocemente possível, a fim de evitar que os elementos de vulnerabilidade se tornem fatores de desconforto ou possam contribuir para gerar um transtorno mais profundo. Além disso, é importante informar as próprias crianças e adolescentes *com superdotação* sobre suas características, com modalidades adequadas à sua idade e com visões ampliadas *de suas habilidades*, para que não vivam sua singularidade com uma conotação negativa que, em última análise, poderia levá-los a se isolar dos outros. Ao processo avaliativo deve-se seguir uma intervenção por parte do profissional que emite a avaliação. A esperança é de que cada escola adote uma nova figura profissional com uma adequada formação em Educação para Superdotação e Altas Habilidades. Além disso, pais, mães e responsáveis de pessoas *superdotadas* devem ser acompanhados em um caminho de conscientização, a fim de compreenderem as múltiplas necessidades de seus filhos e filhas. Caso surjam dificuldades escolares, sociais ou emocionais, pode ser oportuno consultar um psicólogo para garantir ao estudante um apoio que ajude a promover uma evolução harmoniosa e sincrônica de todas as áreas do desenvolvimento.

Distinção entre estudantes brilhantes e estudantes superdotados

Raramente os estudantes *superdotados* são bons em tudo. Geralmente, eles têm uma área de excelência e podem até ter um rendimento escolar na média em outras matérias curriculares. Portanto, os termos "gênio" ou *"nerd"*, com os quais infelizmente eles são chamados, são inapropriados, quer sejam utilizados por crianças e adolescentes ou por adultos.

Existem diferenças substanciais entre estudantes brilhantes e estudantes *superdotados*. Por exemplo, os primeiros são alunos atentos, que se esforçam muito, aprendem com facilidade após um certo número de repetições, sabem as respostas às perguntas feitas.

Os estudantes *superdotados*, por sua vez, são extremamente curiosos, intuitivos, não se contentam com as explicações recebidas e fazem perguntas continuamente, às vezes antecipando as respostas, outras vezes demonstrando que já têm competências avançadas em um determinado âmbito (e incomuns para sua idade). Muitas vezes chegam a deduções originais. Para eles, portanto, a repetição de conceitos é supérflua.

A velocidade de aprendizagem os distingue imediatamente dos colegas da turma, e eles tendem a preferir a companhia de pessoas adultas com as quais possam dialogar e se relacionar.

Paradoxalmente, tais aspectos podem representar tanto pontos fortes quanto fracos, pois, por um lado, a facilidade com que aprendem – unida a uma boa dose de memória, de pensamento criativo, abstrato e crítico, a uma imaginação fervilhante e a ótimas habilidades verbais – permite que eles se destaquem; mas, por outro lado, eles podem se entediar excessivamente na escola devido à lentidão das aulas, à falta de desafios, à impaciência em relação a repetições inúteis de conceitos e de práticas já consolidados, a ponto de chegarem a ter um sentimento de frustração que às vezes pode desembocar em comportamentos polêmicos e de oposição.

Além disso, seu senso de humor sutil pode não ser imediatamente compreendido por seus pares, com os quais muitas vezes nem sequer compartilham as formas de brincar, por serem consideradas pueris.

Conscientes de serem "diferentes" dos outros, podem ver a si mesmos na acepção negativa que, em alguns casos, pode levar a uma baixa autoestima da criança e do adolescente. Por esses motivos, é importante que eles estejam cientes de que todos esses elementos são distintivos de seu funcionamento e os caracterizam como indivíduos.

Quais instrumentos de identificação podem ser utilizados na escola?

Não existe um sistema de identificação perfeito, assim como não existe um único modo de desenvolver as habilidades.

Os procedimentos de identificação dependem, muitas vezes, da definição de *superdotação* adotada. Nos últimos anos tem havido uma orientação para um sistema de identificação que possa contornar os rígidos *critérios de classificação (cutt-offs)* dos tradicionais instrumentos de avaliação.

As Escalas Renzulli são estruturadas de acordo com uma visão multidimensional da superdotação e permitem que professores e professoras avaliem os discentes em comparação com seus pares em uma série de comportamentos observáveis (Renzulli *et al.*, 2013; Renzulli, 2021).

Os estudantes que obtêm uma pontuação elevada têm maior probabilidade de serem *superdotados*. Tais escalas avaliam a percepção de professores ou professoras sobre as características do estudante.

Superdotação *e adolescência*

Os estudantes *superdotados* experimentam as problemáticas de desenvolvimento que todos os adolescentes enfrentam, mas, em alguns casos, elas podem ser exacerbadas precisamente devido às necessidades e às características especiais que distinguem o fato de serem *superdotados*.

Entre elas, podemos assinalar: o perfeccionismo, a competitividade, as avaliações irrealistas dos objetivos, o isolamento em relação ao grupo de pares, a confusão devido a visões conflitantes de seu potencial, a pressão social e familiar para alcançar objetivos ambiciosos, além de terem de lidar com a falta de desafios escolares adequados que os leva a uma insatisfação geral e a um desempenho escolar abaixo da média.

Alguns podem ter dificuldade para ter amigos, para escolher um caminho formativo e, mais tarde, uma profissão.

Além disso, muitos adolescentes *superdotados* experimentam a chamada "síndrome do impostor", que os leva a duvidar se são realmente dotados, a questionar a validade dos testes que detectam sua *superdotação*, a ponto de negarem suas habilidades excepcionais, cedendo, em certo sentido, à pressão pelo conformismo.

Os adolescentes com altas habilidades muitas vezes sofrem de perfeccionismo, pois tendem a estabelecer padrões elevados para si mesmos. Além disso, à medida que crescem, são muito menos propensos a correr riscos do que outros jovens, seja porque parecem estar mais conscientes das repercussões, tanto positivas quanto negativas, que podem encontrar, seja porque estas podem prejudicar seu *status* de *superdotados*.

Enfim, as expectativas excessivas de pais, mães, responsáveis, professores, professoras e até dos pares podem ser tão prementes a ponto de se tornarem um fardo insustentável, especialmente se forem dissonantes em relação aos desejos individuais que o adolescente sonha para si mesmo.

Os adolescentes *superdotados* podem experimentar a pressão de terem de alcançar uma identidade pessoal antes de seus pares e de sua idade cronológica.

Os percursos acelerados de educação a que os estudantes *superdotados* têm acesso em muitos países às vezes os levam a fazer escolhas formativas e profissionais antes de seus pares, com o risco de que isso não acompanhe seu processo de amadurecimento.

Se pais, mães, responsáveis, educadores e educadoras estiverem conscientes dessas dinâmicas, poderão apoiá-los em seu percurso de desenvolvimento, compreendendo quais estratégias de *enfrentamento*[1] podem ajudá-los a desenvolver seus talentos.

Diferenças de gênero

Para as mulheres, o fato de serem identificadas como brilhantes ou talentosas pode criar problemas sociais (Bell, 1989; Buescher; Olszewski & Higham, 1987; Eccles; Midgley & Adler, 1984; Kerr; Colangelo & Gaeth, 1988; Kramer, 1991; Reis, 1987, 1995; Reis; Callahan & Goldsmith, 1996).

Segundo Reis (1995), à medida que crescem, muitas delas começam a compreender e a enfrentar obstáculos tanto inter-

---

1 O conjunto de estratégias cognitivas e comportamentais desenvolvidas pelas pessoas para lidarem com as exigências internas e externas em relação ao ambiente, a fim de se adaptarem a circunstâncias adversas ou estressantes [N.T.].

nos quanto externos. Entre os fatores externos estão: a escola, a sociedade, pais, mães e responsáveis. No contexto escolar, a escolha muitas vezes inconsciente que elas enfrentam é entre ser inteligentes ou ser populares. Como as estudantes *superdotadas* tendem a ser mais adaptativas, elas podem, involuntária ou voluntariamente, preferir se "adequar" a seus pares a fim de fazer parte do grupo.

No contexto social, elas podem se conformar a estereótipos que ainda hoje predominam, por exemplo, em algumas redes sociais digitais e em certas mensagens publicitárias, que, especialmente na idade da puberdade, dão maior destaque à aparência física das adolescentes em vez de valorizar suas capacidades cognitivas.

No contexto familiar, cultural e religioso a que pertencem, as pressões podem obrigá-las a rever suas prioridades, a ponto de decidirem exibir suas capacidades comuns ou até mesmo inexistentes. Além disso, pesquisas recentes evidenciam a importância das atitudes e das convicções de pais, mães e responsáveis em relação a suas filhas. As opiniões dos responsáveis são muito importantes para as meninas e mensagens verbais e não verbais sutis podem as encorajar ou desencorajar por toda a vida. Reis (1995, 1998) constatou que as lembranças dos comentários negativos dos responsáveis perseguem as mulheres *superdotadas* e *com altas habilidades* décadas depois de terem deixado a casa natal.

Segundo Reis (1998), os fatores internos mais comuns são: dúvidas sobre as próprias habilidades e talentos, senso de dever, colocar as necessidades dos outros em primeiro lugar em vez de cultivar os próprios talentos, questões religiosas e sociais que afligem constantemente as mulheres ao longo da vida, falta de planejamento, dissimular capacidades e diferenças, perfeccionismo, atribuir o sucesso à sorte e não à habilidade, escolha errada dos parceiros e mensagens familiares ambivalentes sobre seu percurso educativo.

Mitos, falsos mitos e preconceitos

Imagens estereotipadas e preconceitos muitas vezes giram em torno da superdotação e dos estudantes *superdotados*. Um dos preconceitos mais comuns é o de que ter um alto potencial intelectual é uma garantia de sucesso na escola, no trabalho e na própria vida. Na realidade, a criança e o adolescente superdotados poderão desenvolver plenamente seu potencial se forem identificados precocemente e se sua trajetória escolar for adequadamente apoiada.

Outro preconceito comum, infelizmente muito difundido, é que o estudante *superdotado* representa um desafio para professores e professoras, ou um "problema" para a turma.

> *O adolescente superdotado NÃO*
> *é alguém problemático*

Nas próximas páginas apresentamos de forma sintética os traços mais comuns extraídos de listas mais longas destacadas na literatura (Winner, 1996; Treffinger, 2009).

Educação para Superdotação e Altas Habilidades

Embora nem todos os estudantes sejam *superdotados*, a pesquisa de Renzulli e Reis sugere que poderíamos estender a pedagogia da Educação para Superdotação e Altas Habilidades a um grupo mais amplo do que a uma elite de 2% da população escolar, a fim de desenvolver dons e talentos em uma porcentagem muito mais ampla de estudantes, em uma perspectiva inclusiva. Tais posições, que deram origem ao Movimento do Desenvolvimento do Talento e do Alto Potencial, não são assumidas a despeito dos estudantes *superdotados*, pois preveem claramente a adoção de instrumentos e estratégias estudados especificamente para os estudantes *superdotados*.

Muitas das melhores práticas atualmente em uso nos Programas de Enriquecimento para Altas Habilidades, de fato, poderiam desenvolver potencialidades ainda não expressadas ou não vistas em outros estudantes. Tal visão evidencia a validade da pedagogia da Educação para Superdotação e Altas Habilidades, que pode ser parcialmente implementada de forma a beneficiar muito mais estudantes. A visão inclusiva dessa abordagem é particularmente útil no contexto italiano, uma vez que, na ausência de um sistema de identificação nacional da superdotação[2], não temos ideia de quantos estudantes com habilidades superiores da norma pode haver em sala de aula. "O nosso trabalho sobre o SEM (Schoolwide Enrichment Model) nas escolas italianas demonstrou que muitos estudantes, para além daqueles formalmente identificados como *superdotados*, beneficiam-se de várias experiências escolares de enriquecimento que são envolventes, estimulantes e que ajudam a desenvolver seus interesses e talentos" (Renzulli; Reis & Milan, 2021). Infelizmente, o acesso a

---

2 Em 2015, a então Presidente Dilma Rousseff sancionou a Lei n. 13.234, que "dispõe sobre a identificação, o cadastramento e o atendimento, na educação básica e na educação superior, de alunos com altas habilidades ou superdotação" (Art. 1º). Disponível em: https://www.planalto.gov.br/ccivil_03/_Ato2015-2018/2015/Lei/L1 3234.htm [N.T.].

processos de avaliação privados ainda é prerrogativa de poucas famílias e, portanto, para garantir um serviço equitativo e inclusivo, a adoção de uma pedagogia de desenvolvimento do talento e do alto potencial nas escolas permitiria valorizar as potencialidades de estudantes não formalmente identificados, aqueles diamantes brutos (Pfeiffer, 2013) ainda não descobertos.

FALSOS MITOS, PRECONCEITOS
e sobredotação

1 Todas as crianças e adolescentes são talentosos.

Todos os estudantes têm pontos fortes, mas nem todos têm altas habilidades. O rótulo *"superdotado"* no contexto escolar indica que, em comparação com seus pares, uma criança ou adolescente tem capacidades avançadas para aprender e aplicar o que aprendeu em um ou mais âmbitos.

Essas habilidades avançadas requerem uma modificação do currículo regular para garantir que esses estudantes sejam constantemente desafiados e aprendam algo novo todos os dias.

2 Os estudantes *superdotados* e *com altas habilidades* formam um grupo homogêneo que apresenta características psicológicas e de personalidade iguais.

Os estudantes *superdotados* são diferentes entre si, e, portanto, não é possível ter uma abordagem unívoca à superdotação.

3 **Os estudantes *superdotados e com altas habilidades* obtêm notas escolares altas e se dão bem em tudo o que fazem.**

Os estudantes com capacidades elevadas podem obter resultados inferiores às expectativas devido à falta de motivação, à falta de apoio social e emocional, à falta de hábito ao esforço e ao comprometimento, à falta de interesse e à ausência de atividades desafiadoras.

Além disso, os estudantes *superdotados* raramente têm apenas notas 10 em seus boletins, pois, frequentemente, possuem uma área de excelência (matemático-científica, artística etc.), enquanto podem ter um desempenho dentro da norma nas outras disciplinas curriculares.

4 **Os estudantes *superdotados* adoram ir à escola e abordam cada dia de aula com entusiasmo.**

Os estudantes *superdotados* muitas vezes experimentam o tédio e a frustração em sala de aula. O ritmo de aprendizagem deles pode ser tão veloz em comparação ao de seus pares que, hipoteticamente, lhes permite alcançar os objetivos de aprendizagem previstos em um terço do tempo em seu grau de educação (por exemplo, de fevereiro a maio). Com isso, podem passar os meses restantes de escola aborrecidos e ficar decepcionados com a escola e com os professores, a ponto de chegar à desafeição escolar.

5 **Os estudantes *superdotados e com altas habilidades* se esforçam para alcançar seus objetivos.**

Os estudantes *superdotados* se deparam cotidianamente com experiências de aprendizagem pouco exigentes e não treinam para o esforço, não compreendem o valor do trabalho árduo, o que contribui para não aumentar sua motivação. Eles passam grande parte dos anos do Ensino Fundamental sem nunca terem de se esforçar realmente e, quando finalmente se deparam com um desafio, alguns experimentam uma perda de confiança em suas próprias capacidades, com a consequente diminuição do rendimento (Reis & McCoach, 2000).

6 **Ensinar os estudantes *superdotados* é mais fácil.**

Ensinar os estudantes *superdotados* não é mais fácil nem mais difícil do que os outros estudantes. O que faz a diferença é a preparação dos professores e das professoras na Educação para Superdotação e Altas Habilidades.

Assim como todos os alunos e as alunas, os estudantes *superdotados* também têm necessidade de experiências ricas de aprendizagem.

Portanto, é difícil, senão impossível, desenvolver plenamente seus dons e talentos sem um currículo apropriado.

7 **Os estudantes *superdotados* não precisam de ajuda de professores e professoras, nem de serviços educacionais especializados.**

Os estudantes *superdotados*, assim como todos os estudantes, precisam e têm o direito de ter professores e professoras competentes e motivados, que os estimulem e os apoiem no pleno desenvolvimento de suas capacidades.

Eles precisam de iniciativas e propostas didáticas específicas para seu perfil e também que os professores e as professoras recebam uma formação específica nesse âmbito.

8 **Todos os estudantes *superdotados* alcançarão o sucesso na vida.**

A *superdotação* não é garantia de sucesso, nem em nível escolar nem laboral.

Crianças e adolescentes *superdotados* precisam receber os estímulos e os recursos para desenvolverem plenamente seus dons e talentos.

9 **Os estudantes *superdotados e com altas habilidades* devem ajudar os outros.**

Muitas vezes, os professores e as professoras consideram que uma boa estratégia a ser usada com os estudantes *superdotados* é a de *ensinar seus pares*.

A utilização dessa estratégia parece apresentar muitas "vantagens", mas, na realidade, esconde muitas desvantagens para o estudante *superdotado* (*ver* o parágrafo "Tutoria entre pares").

10 **Um estudante com Transtorno Específico de Aprendizagem (TEA) não pode ser *superdotado*.**

Alguns estudantes *superdotados* também podem ter um transtorno de aprendizagem ou outras dificuldades.

Esses estudantes duplamente excepcionais (2e) muitas vezes passam despercebidos, porque suas deficiências e seus dons se mascaram mutuamente, fazendo-os parecer estudantes "dentro da média".

Nesse caso, não existe apenas o risco de diagnóstico equivocado, mas também de falta de diagnóstico.

11 **As competências avançadas dos estudantes *superdotados* são determinadas pelos genitores.**

Alguns defendem que os estudantes *superdotados* são a resultante de genitores zelosos que os hiperestimulam, negando-lhes uma infância "normal".

Tal visão desconhece a natureza da *superdotação* e é mero pretexto.

No entanto, é frequente que pais, mães e responsáveis de crianças e adolescentes *superdotados* tenham continuamente de solicitar que a escola esteja equipada e preparada para satisfazer as necessidades educacionais especiais de seu próprio filho ou filha.

Carta dos Direitos das Crianças Superdotadas

Um ponto de partida fundamental para compreender melhor as necessidades educacionais especiais dos estudantes *superdotados* é a *Carta dos Direitos das Crianças Superdotadas* (Siegle, 2007), que deveria ser conhecida por todos os adultos e as adultas que, de diversas maneiras, contribuem para o crescimento de uma pessoa.

Você tem o direito de...

- saber que você é *superdotado*
- aprender algo novo todos os dias
- apaixonar-se pela sua área de talento sem se sentir culpado
- ter uma identidade para além de sua área de talento
- ter orgulho de seus resultados
- cometer erros
- receber uma orientação para desenvolver seus talentos
- ter diversos grupos de pessoas da sua idade e muitos amigos
- decidir quais de suas áreas de talento você deseja aprofundar
- não ser *superdotado* em tudo.

O reconhecimento da própria identidade parte de uma autoconsciência que, depois, deverá encontrar um reconhecimento no contexto escolar e social.

O aluno superdotado *é um recurso para a turma*

O sistema educacional italiano atualmente não contempla percursos para os estudantes superdotados[3]. No entanto, a adoção de um ensino inclusivo para o desenvolvimento do talento e do alto potencial permitiria uma personalização das aprendizagens para satisfazer suas necessidades educacionais. Deveríamos nos perguntar se o surgimento de eventuais comportamentos "problemáticos" é atribuível à falta de estímulos adequados e de uma aberta aceitação social ou à *superdotação*. A manifestação de tais comportamentos, portanto, poderia ser lida como um sinal de alerta.

A falta de conhecimento das características desses estudantes poderia levar à manifestação crônica de atitudes pouco construtivas tanto por parte dos adultos quanto de seus pares, o que contribuiria para construir uma falsa autoimagem na criança e no adolescente *superdotados*.

Na realidade, quando oportunamente compreendidos e valorizados, os estudantes *superdotados* são um verdadeiro recurso para a turma, capazes de contribuir de forma incisiva nas discussões e de trazer interesses nem sempre contemplados pelo currículo, elevando positivamente o nível de desafio e, consequentemente, favorecendo também um aumento do rendimento escolar de todos.

Crianças e adolescentes *superdotados* são um recurso tanto para eles mesmos quanto para a sociedade e têm direito a estí-

---

3 No caso do Brasil, há uma política já bem estabelecida de inclusão desses estudantes nas escolas regulares. Essa política se fundamenta em diversos documentos legais, como a Convenção sobre os Direitos das Pessoas com Deficiência (ONU, 2006), a Política de Educação Especial na Perspectiva da Educação Inclusiva (MEC, 2008) e a Lei Brasileira de Inclusão (2015), entre outras (cf. *Base Nacional Comum Curricular*, https://is.gd/educacao_inclusiva, acesso em 08 jun. 2024) [N.T.].

mulos e oportunidades adequados para realizar plenamente seu potencial, como todos os demais alunos e alunas.

Como ensinar estudantes superdotados?

Certamente não, mas é importante ter um conhecimento profundo dos conteúdos disciplinares e a capacidade de saber tornar as atividades didáticas significativas para o estudante, seja relacionando-as a seus interesses, seja fazendo referências contínuas à vida real.

Além disso, professores e professoras devem ser pessoas de autoridade e ter boas capacidades de gestão da turma, uma paixão sincera pelo ensino e uma propensão a explicar conceitos complexos.

Para ensinar bem os estudantes *superdotados* não basta confiar no bom-senso, na experiência ou na improvisação, pois é necessário aprofundar-se especificamente na Educação para Superdotação e Altas Habilidades.

A ideia básica é de que todo estudante *superdotado* deve ir à escola com entusiasmo e deve aprender algo novo todos os dias, e isso não é autoevidente, pois muitas vezes eles já sabem as respostas para muitas das perguntas de vocês.

Se tivéssemos do comunicar a experiência escolar deles por meio de uma imagem, poderíamos imaginá-la como uma rápida progressão ao longo de uma escada rolante, em vez de uma escada tradicional, na qual os estudantes *superdotados* são muitas vezes forçados a parar nos patamares e esperar (Tomlinson, 1997).

Oferecer a esses estudantes experiências de aprendizagem desafiantes é muito importante porque "os estudantes aumentam sua autoestima quando alcançam objetivos de aprendizagem que achavam que estavam fora de seu alcance" (Rimm, 2008).

O papel dos contextos

Os contextos de crescimento do estudante, ou seja, a família, a escola e a sociedade como um todo, desempenham um papel fundamental no desenvolvimento de seu potencial. Professores e professoras podem e devem agir como *caçadores de talentos*, capazes de descobrir aqueles dons e talentos, manifestos ou ocultos, que cada criança e adolescente possui. Isso também é possível graças à utilização de instrumentos pensados para os professores, como, por exemplo, as escalas de avaliação para identificar, com um instrumento objetivo, a eventual presença de uma hipotética potencialidade a ser relatada a pais, mães ou responsáveis.

O trabalho em equipe com a família da criança ou do adolescente, com o especialista que redigiu a avaliação e com o especialista em Educação para Superdotação e Altas Habilidades é um elemento importante para garantir o bem-estar do estudante na escola. Para colaborar proveitosamente com os genitores e o aluno, vocês devem se demonstrar, acima de tudo, competentes em matéria de superdotação: estudem bem as características dos estudantes *superdotados* e, ao mesmo tempo, tentem entender as peculiaridades da criança ou do adolescente que está à sua frente.

Em geral, o estudante *superdotado* estima os professores competentes e que têm autoridade, mas também os inovadores e carismáticos, capazes de diferenciar o currículo tanto em termos de conteúdo quanto de processos e produtos, e também os disponíveis para modificar a organização do ambiente em sala de aula, adotando, quando possível, grupos de trabalho diferenciados por habilidade, prontidão e ritmos de aprendizagem.

Para fazer isso, é útil ter à disposição um inventário de interesses do estudante. O Modelo SEM dispõe de uma série de instrumentos para detectar os interesses dos estudantes, incluindo um questionário a ser submetido aos genitores em relação aos interesses, paixões e *hobbies* que seu filho ou filha cultiva em casa, indicando também quais atividades extracurriculares e esportivas o estudante gosta de praticar. O conhecimento aprofundado de seus interesses, aptidões e paixões pode ser decisivo para planejar atividades que permitam estimulá-lo cognitivamente em áreas que sejam significativas para ele ou ela. Dewey (1913) ressaltou o importante papel que os interesses desempenham em todas as formas e níveis de aprendizagem e reconheceu a importância que as tarefas de alto interesse têm na aprendizagem. Como defende Dewey, o talento deriva do desenvolvimento dos interesses.

O conhecimento das paixões e dos *hobbies* do estudante também permite mantê-lo "fisgado" à escola, evitando o baixo desempenho escolar.

A estrutura do livro

O livro está dividido em 15 capítulos agrupados em duas macroáreas.

- NECESSIDADES COGNITIVAS
    1. Sente-se entediado(a)
    2. Cochicha e perturba

3. Move-se continuamente e pede para sair da sala muitas vezes
4. Fica brincando durante as aulas
5. Interrompe a aula com perguntas e não respeita sua vez
6. Discute sobre tudo (regras, opiniões, decisões)
7. Não faz as tarefas
8. Não gosta de trabalhar em grupo
9. Os resultados escolares não refletem seu potencial

● NECESSIDADES SOCIOEMOCIONAIS

10. Custa a se inserir no grupo de pessoas da sua idade
11. Apresenta um desenvolvimento assíncrono
12. É perfeccionista e tem risco de esgotamento
13. É superestimulável e apresenta alta sensibilidade e intensidade
14. Tem dificuldade de autorregulação
15. Apresenta sintomas depressivos

No livro são analisadas as necessidades encontradas em crianças e adolescentes superdotados na faixa etária dos Anos Finais do Ensino Fundamental, mas que também podem ser observadas nos alunos dos Anos Iniciais e nos estudantes do Ensino Médio (e também além). Como a escola agrupa os estudantes com base em sua idade cronológica e não em sua idade mental, os estudantes *superdotados* vivenciam situações que não condizem nem com suas necessidades intelectuais nem sociais (Rimm; Siegle & Davis, 2018).

O motivo do comportamento é explicado no início de cada capítulo com poucas frases curtas (***"Por que isso ocorre?"***), seguidas de indicações simples e claras para professores sobre as atitudes e estratégias a serem adotadas (*"O que fazer"*). Por fim, são fornecidos instrumentos e estratégias sobre como intervir em relação a alguns aspectos cruciais. Na conclusão de cada capítulo há *"Os conselhos da especialista"*, com sugestões práticas a serem implementadas imediatamente.

A estruturação das atividades

Na apresentação das tarefas, as instruções para crianças e adolescentes *superdotados* podem ser geralmente intuitivas. Porém, devido à sua desatenção e, às vezes, à sua desorganização, pode ser útil dar instruções explícitas e precisas.

As unidades de trabalho devem ser sempre proporcionais às habilidades do estudante. Não proponham tarefas simples demais que poderiam desvalorizar seu potencial, mas tomem cuidado para também não propor tarefas fora de seu alcance.

Crianças e adolescentes *superdotados* são estudantes que adoram o desafio e também amam se defrontar com a resolução de problemas, possivelmente do mundo real, mas que não precisam, em geral, empenhar-se verdadeiramente no estudo, não estando acostumados a "se esforçar" e a trabalhar duro para alcançar seus objetivos ou para obter boas notas. O outro lado da moeda é que eles não adquirem progressivamente um método de estudo e de trabalho e, geralmente, chegam ao Ensino Médio sem nunca terem aberto um livro.

As capacidades elevadas e a ótima memória permitem-lhes aprender simplesmente ouvindo as aulas, às vezes até distraidamente, e adquirir os conhecimentos e as competências tanto para realizar rapidamente as tarefas em sala de aula quanto as de casa (admitindo-se que eles as façam). Lembrem-se de que as crianças e os adolescentes *superdotados* tendem a se envolver quando consideram a tarefa significativa e não por um simples senso de dever. Nesse sentido, as notas e as punições não funcionam. Pelo contrário, eles esperam que vocês motivem as suas razões como professores e professoras, uma vez que eles se colocam no mesmo nível de vocês.

A recusa em compartilhar as motivações de vocês pode desencadear atitudes polêmicas, que arrastarão vocês para negociações exaustivas. Se puderem, organizem um cantinho de trabalho em sala de aula onde eles possam realizar atividades diversificadas. No contexto internacional, muitas vezes há uma sala de recursos na escola, onde um especialista em enriquecimento pode fornecer ao estudante todos os recursos e a orientação necessária para a realização de atividades avançadas e personalizadas.

O monitoramento

Observem a atitude do estudante em sala de aula e tentem identificar atitudes de tédio ou de frustração durante a sua aula ou no turno escolar. Depois de observarem tal comportamento (por exemplo, "olha para fora da janela"), tentem falar com o estudante, perguntando-lhe com interesse sincero: "Percebi que, de vez em quando, você parece absorto em seus pensamentos. Será que você está entediado ou sonhando acordado? Compartilhe seus pensamentos comigo".

Depois de monitorado o comportamento por pelo menos uma semana, comecem a adotar uma diferenciação curricular, as estratégias didáticas que aprofundaremos no próximo parágrafo (*"Como fazer?"*) ou outras estratégias personalizadas que lhes pareçam eficazes.

Segundo o Davidson Institute (2021), uma discrepância entre as necessidades educacionais do indivíduo e um ambiente educacional que o estudante considera repetitivo, pouco gratificante, sem autonomia, injusto ou não alinhado com seus valores pode levar ao esgotamento do estudante *superdotado* (ver o capítulo 12, "É perfeccionista e tem risco de esgotamento").

Como fazer?

Para envolver o estudante *superdotado* nas atividades educacionais é preciso tentar mobilizar as esferas cognitiva, emocional e física por meio de modalidades de aprendizagem ativas. Como já destacado, a motivação deles aumenta quando consideram a tarefa significativa e autêntica. Portanto, a proposta didática deve explicitar o objetivo de adquirir uma determinada competência e, ao mesmo tempo, evidenciar sua utilidade e sua aplicabilidade a contextos reais e complexos. Professores e professoras devem criar as condições ideais que permitam a eles realizarem uma atividade de pesquisa, adotando um método de trabalho independente e investigativo, em um ambiente protegido, onde não exista uma resposta predeterminada ou uma solução certa ou errada.

Além disso, é preciso se render à evidência de que os estudantes *superdotados* precisam de um tempo menor do que seus colegas para consolidar seus aprendizados e, portanto, é possível eliminar exercícios contínuos sobre conceitos amplamente aprendidos: se a aula é entediante porque eles já sabem os conteúdos ou os aprendem depois de uma simples enunciação, é inútil e contraproducente obrigá-los a exercitar em casa. Seria muito mais produtivo pedir-lhes que utilizem os novos conhecimentos adquiridos para criar ideias novas e originais ou para encontrar relações interdisciplinares com outros saberes, tanto curriculares quanto extracurriculares.

Para onde dirigir o olhar?

No que diz respeito a esse tema, é indispensável estudar e observar a pesquisa e as experiências amadurecidas nos contextos internacionais, aprofundando as diversas abordagens que caracterizaram a Educação para Superdotação e Altas Habilidades em outros países, e em particular as diferentes estratégias de ensino utilizadas nos Estados Unidos nos últimos 40 anos (Milan & Zanetti, 2018). A história da Educação para Superdotação e Altas Habilidades tem se caracterizado por três escolas principais de pensamento que definiram as três principais abordagens de ensino e aprendizagem: diferenciação, aceleração e enriquecimento (Milan & Reis, 2020).

- *Diferenciação*, cuja finalidade "é incrementar o potencial de aprendizagem de cada estudante" (Tomlinson, 2005).
- *Aceleração*, que permite aos estudantes progredir mais rapidamente em um nível que se adapte melhor às suas capacidades e exigências acadêmicas, em vez de sua idade cronológica.
- *Enriquecimento*, que oferece experiências educacionais mais ricas e variadas, visando a expansão do currículo re-

gular, de modo a ser modificado, estendido e ampliado para oferecer maior profundidade e amplitude.

A visão dicotômica entre aceleração e enriquecimento tem dado origem a interessantes linhas de pesquisa científica em nível internacional. Ao longo dos anos, a contraposição entre as duas abordagens alimentou uma acalorada controvérsia dentro desse âmbito de pesquisa, e acredita-se quase unanimemente que os programas educacionais para os estudantes *superdotados*, e não só, devem fornecer oportunidades tanto de enriquecimento quanto de aceleração. Uma resenha das principais escolas de pensamento que caracterizaram a história da Educação para Superdotação e Altas Habilidades das últimas quatro décadas nos Estados Unidos sugere que essas abordagens principais deveriam ser consideradas na Itália (Milan & Zanetti, 2018).

Além destas três abordagens, algumas estratégias são úteis para responder às necessidades educacionais especiais desses estudantes.

- *Compactação:* compactar o currículo ajuda os estudantes *superdotados* e de alto desempenho a eliminarem repetições inúteis de conteúdos já aprendidos e a substituí-los por atividades avançadas, preferencialmente em áreas não contempladas no currículo geral. O instrumento mais utilizado para a compactação curricular é o *Compattatore* (Renzulli; Reis & Milan, 2021), projetado especificamente para fazer ajustes curriculares adequados para os estudantes em qualquer área curricular e em qualquer ano escolar. No Modelo de Enriquecimento Escolar (SEM), a compactação do currículo é um instrumento que permite acelerar, enriquecer e diferenciar o currículo escolar de modo a garantir tempo para um trabalho mais exigente e interessante (Renzulli; Reis & Milan, 2021).

- *Scaffolding:* no âmbito educacional, o termo *scaffolding*, utilizado pela primeira vez em 1976 no campo psicológico por Bruner, Wood e Ross (1976), indica um conjunto de estratégias de ajuda utilizadas pelo professor ou por um especialista para facilitar o processo de aprendizagem de um estudante ao enfrentar uma tarefa, ao resolver um problema ou ao alcançar um objetivo que ele não conseguiria alcançar sem um apoio adequado e que o ajuda progressivamente a se emancipar e a tomar caminhos de conhecimento de forma independente, promovendo sua autonomia. No contexto da Educação para Superdotação e Altas Habilidades, a ação de apoio se traduz em uma forma de tutoria e demanda uma verificação constante que a torne adequada e responsiva às necessidades reais e aos níveis de competência alcançados pelo aprendiz.

Para compreender plenamente o termo *"scaffolding"* é preciso introduzir o conceito de "zona de desenvolvimento proximal", teorizado por Vygotsky, que a define como

> a distância entre o nível de desenvolvimento real, que se costuma determinar através da solução independente de problemas, e o nível de desenvolvimento potencial, determinado através da solução de problemas sob a orientação de um adulto ou em colaboração com companheiros mais capazes (Vygotsky, 1984, p. 97).

Vygotsky distingue duas áreas no desenvolvimento individual de um sujeito:

1. *zona efetiva de desenvolvimento:* trata-se das competências efetivamente adquiridas em um certo momento do desenvolvimento cognitivo de um indivíduo;
2. *zona potencial de desenvolvimento:* trata-se das competências potencialmente adquiríveis em um futuro próximo ou que o indivíduo poderia alcançar por meio da ajuda de uma pessoa especializada.

A atividade de ensino deve ser realizada entre a zona efetiva de desenvolvimento e a potencial, chamada de "zona de desenvolvimento proximal", que é, portanto, a distância entre o nível efetivo de desenvolvimento e o potencial. O *scaffolding* de Bruner e a zona de desenvolvimento proximal de Vygotsky são complementares: o professor atua justamente como um "andaime" (*scaffolding*), fornecendo os instrumentos necessários para alcançar as metas de aprendizagem exigidas. Enquanto é sustentado por tal mediação, o aluno opera em um nível levemente superior aos limites da própria área de desenvolvimento (zona de desenvolvimento proximal). A ajuda do professor fornecida ao aluno na própria zona de desenvolvimento proximal é chamada precisamente de *"scaffolding"*.

Tutoria

Vygotsky afirma que uma criança pode aumentar seus conhecimentos graças à interação com um adulto competente dentro da zona de desenvolvimento potencial. Com efeito, uma das experiências mais valiosas que um estudante *superdotado* pode fazer é ter a seu lado um mentor que compartilhe com ele interesses, habilidades e competências particulares, mas que, ao mesmo tempo, ofereça incentivo, inspiração e autoconfiança, ajudando a aumentar sua autoestima. Além disso, como as crianças e os adolescentes *superdotados* descobrem que têm múltiplos interesses nos anos de seu crescimento, eles podem ter dificuldade em escolher um curso universitário e um percurso de vida profissional. A oportunidade de passar tempo com especialistas os ajuda a identificar percursos de estudo e de carreira mais definidos, já que, às vezes, eles não conseguem definir prioridades ou fixar objetivos de longo prazo. Como muitas vezes consideram a escola entediante e irrelevante, o envolvimento com pessoas que lhes proporcionam experiências de vida real pode estimular a motivação de que precisam para se concentrarem e alcançarem objetivos ambiciosos. Por isso, o mentor é um modelo, pois dá o exemplo, ajudando o estudante a desenvolver uma visão daquilo que pode se tornar.

É interessante destacar que a pesquisa e os estudos de caso sobre mentores e tutoria destacam seus efeitos positivos, que se traduzem em um avanço na carreira particularmente para as meninas *superdotadas* acompanhadas por um mentor (Kerr, 1983).

Tutoria entre pares: um recurso?

O emprego do *peer tutoring* (tutoria entre pares) parece apresentar muitas "vantagens":

- mantém o estudante *superdotado* engajado quando completa a tarefa antes de seus colegas de turma;

- o estudante *superdotado* pode explicar ao colega com dificuldade os conceitos propostos com uma terminologia e uma modalidade mais simples;
- o estudante *superdotado* aumenta suas capacidades sociorrelacionais.

Na realidade, entretanto, tal abordagem desconsidera muitas das expectativas que os estudantes *superdotados* têm em relação à escola por uma série de motivos:

- o estudante *superdotado* tem o direito de aprender algo novo, porém, desse modo, encontra-se repetindo conceitos já amplamente compreendidos;
- muitas vezes, os estudantes *superdotados* não sabem explicar as modalidades com que realizaram a tarefa e, quando lhes é pedido para simplificar os conceitos ou segmentar os processos de seu raciocínio intuitivo para torná-los utilizáveis, sentem uma sensação de aborrecimento e de frustração;
- o estudante com dificuldade pode se sentir intimidado pela facilidade com que o estudante *superdotado* consegue compreender conceitos ou processos que lhe são difíceis;
- tal abordagem não promove necessariamente as relações entre pares, pois o estudante *superdotado* pode não achar interessante se relacionar com um estudante que evidentemente tem modalidades de funcionamento diferentes e pode não entender como ele pode encontrar dificuldades em processos que lhe são banais. Além disso, o estudante com dificuldade pode sentir desconforto ao receber expli-

cações de um colega para o qual, por algum motivo, tudo parece ser mais simples.

O conselho é não recorrer a essa forma de tutoria entre pares, exceto de modo esporádico e ocasional.

Necessidades cognitivas

1

SENTE-SE

entediado(a)

Porque o ritmo da aula é lento demais.

Porque o estudante *superdotado* já sabe as respostas.

Porque precisa de estímulos qualitativamente diferentes.

O QUE FAZER

√ Verifiquem se o estudante está escutando quando está absorto em seus pensamentos.

√ Chamem a atenção dele com perguntas pertinentes.

√ Aumentem o nível de desafio.

√ Ofereçam-lhe a possibilidade de participar de *grupos* de Enriquecimento (Renzulli; Gentry & Reis, 2003; Renzulli; Reis & Milan, 2021).

O QUE NÃO FAZER

✘ NÃO desafiem o estudante dizendo frases como: "Você que sempre sabe tudo…"

✘ NÃO o repreendam quando estiver distraído.

✘ NÃO percam a paciência.

✘ NÃO o julguem como alguém superficial.

O que ter em mente

Em geral, os estudantes *superdotados* têm uma área disciplinar de excelência (não são necessariamente bons em tudo), mas podem ter um ótimo desempenho escolar em todas as outras matérias sem nenhum esforço. Frequentemente, são forçados a trabalhar em coisas que já conhecem (Stanley, 2000). Além disso, os conhecimentos escolares propostos são adquiridos muito rapidamente, porque esses estudantes têm:

- uma facilidade e uma velocidade de aprendizagem avançadas;
- maiores habilidades de compreensão e em níveis mais profundos, na medida em que recorrem à utilização da lógica;
- uma ótima capacidade de resolução de problemas e de intuição;
- uma memória muito desenvolvida.

Além disso, as crianças e os adolescentes *superdotados* dispõem de um vocabulário muito amplo com o qual discutem sobre seus múltiplos e variados interesses.

Devido à sua rapidez de pensamento (VanTassel-Baska & Brown, 2007), geralmente terminam as tarefas atribuídas em sala de aula antes dos outros colegas e, enquanto esperam, ficam entediados, porque seu ritmo de aprendizagem é mais veloz do que o de seus pares. As aulas acabam sendo chatas, lentas, repetitivas.

Portanto, o principal inimigo de sua experiência educacional é o tédio. Crianças e adolescentes *superdotados* experimentam isso cotidianamente e, quando não toleram mais, acabam apontando inconscientemente para isso de diversas formas: na melhor das hipóteses, alienando-se ou movendo-se e distraindo-se, intervindo muitas vezes de propósito ou sem querer. A distração deles é um sinal de alerta que não deve ser subestimado.

As modalidades às quais eles recorrem para escapar da monotonia, portanto, podem ser inumeráveis, algumas mais evidentes e com consequências em nível de gestão da sala de aula; outras mais sutis; algumas guiadas pelos seus interesses profundos; outras, talvez, por um elemento fortuito de distração.

Para superar o tédio eles podem recorrer à sua rica imaginação, criando mundos e pessoas imaginárias e sonhando acordados, o que muitas vezes os impede de permanecer envolvidos nas atividades escolares.

Como intervir

Os estudantes *superdotados* precisam de experiências de aprendizagem envolventes e estimulantes, baseadas em seus interesses ou capazes de estimular novos, preferencialmente em âmbitos não estritamente curriculares.

- Tentem se colocar no lugar do estudante *superdotado* que tem uma grande expectativa de aprender algo interessante e tem que assistir a uma aula em que tudo parece "já ter sido ouvido". Perguntem-se se o aluno já conhece o assunto: vocês podem fazer uma atividade de *brainstorming* em sala de aula no início da aula para compreender o que ele sabe sobre o tema. Se esse for o caso, podem compactar o currículo e substituir os conteúdos que ele já possui por atividades personalizadas que levem em conta seus interesses.

- Tentem estruturar a aula sem muitas repetições, sem tempos mortos, usando referências contínuas à vida real, à atualidade; mas, acima de tudo, sejam criativos. As explicações de vocês são suficientemente estimulantes e interativas? Vocês se acham entediantes?
- Ao exporem um novo assunto ou ao explicarem uma regra, introduzam sempre exemplos da vida do mundo real, anedotas, citações de artigos, que tornem os assuntos mais pertinentes à realidade e mais entusiasmantes.
- Para derrotar o tédio, vocês podem enriquecer a experiência escolar propondo *Clusters* (*grupos*) de Enriquecimento (vejam o Aprofundamento).

> *O problema não é a superdotação, mas sim a falta de estímulos adequados.*

O pacto educativo

Tentem entender junto aos genitores quais são os interesses da criança ou do adolescente e usem-os para planejar atividades nas quais ele possa se sentir envolvido e motivado. Pais, mães ou responsáveis lhes dirão que existem alguns interesses que podem absorvê-lo a ponto de fazê-lo perder a noção do tempo, experimentando aquilo que é definido como *flow*, ou "fluxo" (Csikszentmihalyi, 1975).

O *flow* é uma experiência de aprendizagem ideal em que a pessoa está completamente imersa em uma atividade. Essa condição é caracterizada por um envolvimento total do indivíduo: foco no objetivo, motivação intrínseca, positividade e gratificação na realização de uma determinada tarefa.

Perguntem-se quantas de suas aulas curriculares são planejadas para recriar tais condições ideais capazes de dar origem a esse estado de absorção criativa em que o estudante superdotado pode mergulhar durante o horário escolar.

Certamente, os interesses do estudante podem ser tão específicos e setoriais a ponto de não poderem ser contemplados pelo currículo escolar. O fato é que tais interesses e paixões podem ser tão profundos a ponto de levá-lo a níveis de competência insuspeitados para sua idade e, portanto, requerem a contribuição de materiais e de um mentor, de um tutor que tenha competências específicas no tema. No entanto, não é incomum que tais paixões desapareçam repentinamente assim que a criança ou o adolescente atinge o nível de conhecimento que o satisfaz e, desse modo, sacia sua sede de saber.

Os conselhos da especialista

Quando oportunamente canalizada, a curiosidade de um estudante *superdotado* pode dar origem a discussões estimulantes, criando uma saudável competição entre os alunos, que, ao mesmo tempo, reconhecem nele sua capacidade de liderança empática e construtiva, em um ambiente de apoio em que sua *superdotação* é compreendida, reconhecida e valorizada.

Videogames e *gamificação*

Os estudantes *superdotados* experimentam uma percepção cotidiana de lentidão tanto no desenrolar das horas curriculares quanto nas relações com os pares. Muitas vezes, recorrem aos videogames para escapar desse tédio e dessa frustração, pois oferecem estímulos desafiantes e níveis de dificuldade crescentes que não são definidos pelo ritmo de aprendizagem escolar dos colegas ou impostos pelo professor, mas sim, determinados pelas suas habilidades. Além disso, seu empenho e sua capacidade de resolução de problemas são imediatamente recompensados, pois lhes permitem ter acesso a níveis de jogo ainda mais desafiadores, proporcionando-lhes uma gratificação imediata e aumentando sua autoestima. Outro ponto é que, nos jogos multijogador online, os adolescentes *superdotados* podem formar verdadeiras amizades com adolescentes do mundo inteiro com os quais compartilham um interesse e níveis de habilidade de jogo semelhantes, independentemente da idade, e com os quais podem estreitar verdadeiras "alianças" ou parcerias para "formar equipe" e ser vencedores.

Apesar dos aspectos positivos, o uso excessivo dos *videogames* por esses estudantes pode se revelar uma faca de dois gumes, pois exacerbam as diferenças de "reação" que, no mundo escolar e nas relações sociais com os pares *não superdotados*, correm o risco de parecer cada vez mais lentas do que nos jogos interativos.

No âmbito educacional, o valor pedagógico dos *videogames* está na base da *gamificação* utilizada para fins didáticos, a fim de transferir conteúdos, competências e habilidades de forma inovadora e interativa. Em particular, a aprendizagem baseada nos videogames envolve os estudantes *superdotados*, dando-lhes a oportunidade de tomar decisões sobre seu próprio ritmo de aprendizagem, permitindo-lhes assumir riscos em um ambiente protegido, no qual existem objetivos claros, *feedbacks* e um alto grau de interação.

APROFUNDAMENTO

Os Clusters de Enriquecimento

Uma metodologia interessante para modular o tempo escolar em torno dos interesses emergentes de crianças e adolescentes são os *Clusters* de Enriquecimento, propostos por Renzulli, Reis e Milan (2003, 2021). Trata-se de grupos heterogêneos de estudantes de turmas diferentes agrupados pelos mesmos interesses e que se reúnem em horários especificamente designados dentro do horário escolar para trabalhar com um adulto, um mentor, que compartilhe uma paixão e que tenha algum grau de conhecimento avançado e experiência no assunto. Os estudantes do *Cluster* de Enriquecimento geralmente se encontram semanalmente por um período que pode variar de três meses a um ano ou mais. A principal motivação para participar é o interesse pessoal e o desejo tanto dos estudantes quanto dos professores de participar.

Nos *Clusters* não há uma aula planejada. Os projetos são escolhidos pelos estudantes, as atividades são guiadas por um mentor, e o foco é orientado para a realização de um produto ou serviço que deve ter impacto em um público selecionado.

As perguntas-chave que regulam as atividades dos *Clusters* são:

1. O que fazem as pessoas que têm um interesse nessa área de estudo?
2. Que tipo de produtos ou serviços fornecem?
3. Que métodos usam para realizar seus produtos?
4. De quais recursos e materiais precisam?
5. Como e a quem comunicam os resultados de seu trabalho?
6. O que fazem para ter um impacto positivo em um público selecionado?

CAPÍTULO 2

COCHICHA

e perturba

Porque o estudante *superdotado* se entedia.

Porque quer chamar a atenção até com argumentos insólitos.

Porque, para ser querido pelo grupo, recorre a seu senso de humor.

O QUE FAZER

✓ Tentem chamar a atenção do estudante com o olhar ou com perguntas de aprofundamento.

✓ Envolvam-no ativamente.

✓ Aumentem o nível de desafio da aula.

O QUE NÃO FAZER

✗ NÃO esperem um silêncio absoluto.

✗ NÃO ignorem o estudante.

✗ NÃO o façam se sentar perto de estudantes agitados.

✗ NÃO o façam se sentar na última fila.

O que ter em mente

Crianças e adolescentes *superdotados* são um valor agregado para a turma. Têm uma ótima dialética, uma extraordinária riqueza de vocabulário e uma capacidade de debater que pode alcançar níveis de abstração e de profundidade pouco comuns entre seus pares. Em geral, se estiverem bem-adaptados, são sociáveis, alegres e, às vezes, conversadores.

Sua dificuldade em parar de falar é determinada pelo fato de terem realmente muitas coisas a dizer e sobre uma infinidade de assuntos. Os pensamentos são tão urgentes e o desejo de compartilhá-los é tão forte que é difícil encontrar um motivo válido para ficar em silêncio.

Frequentemente, recorrem a seu bom humor para divertir os colegas com piadas irônicas, mas que nem sempre são entendidas por seus pares. Adoram surpreender e – por que não? – talvez até desestabilizar o professor ou a professora com sua perspicácia.

Esses truques servem para acrescentar um pouco de "tempero" à aula, derrotando seu pior inimigo na escola: o tédio.

→ Confiem neles! Às vezes pode ser difícil encontrar um bom motivo para conter suas intervenções, porque, embora não solicitadas, muitas vezes acabam acrescentando algo à aula.

→ Lembrem-se! O estudante *superdotado*, na realidade, é um rio caudaloso que tem uma infinidade de informações para compartilhar e, se oportunamente valorizado, pode enriquecer a aula com anedotas, detalhes e aprofundamentos interessantes.

Como intervir

- Comecem as atividades com um *brainstorming*, para entender o quanto o estudante *superdotado* sabe sobre o assunto antes mesmo de iniciar os trabalhos. Isso lhe permitirá desafogar todas as suas competências e satisfazer sua exigência de partilha, embora haja o risco de se tornar um monólogo, pois ele realmente poderá lhes surpreender com a quantidade de informações que já encontrou e assimilou.

- Usem um método de ensino ativo, como as tarefas de realidade, para envolvê-los. Os estudantes *superdotados* enfrentam problemas complexos e são estimulados a buscar soluções confiáveis, fazendo pesquisas independentes e sugerindo soluções.

- Concluam as atividades com o *debriefing*, para transformar a experiência de aprendizagem e favorecer a consolidação dos conhecimentos adquiridos: um momento de reflexão, reconstrução e análise da experiência realizada (debate coletivo, exploração retrospectiva, identificação dos pontos cruciais ou problemáticos, explicação dos aprendizados).

Os conselhos da especialista

A vivacidade mental do estudante *superdotado*, em alguns casos, pode se traduzir em um excesso de verbalização que pode intimidar alguns colegas e irritar o professor ou a professora. Para evitar isso, criem momentos em que vocês lhe fazem perguntas abertas: essa atividade extra irá mantê-lo ocupado enquanto os outros estudantes concluem as tarefas atribuídas.

Paradoxalmente, alguns podem passar da necessidade de serem o centro das atenções ao desejo de se isolarem, e este último caso pode sinalizar uma hipersensibilidade que, por exemplo, torna intolerável para eles trabalhar no meio do barulho (ver o capítulo 13).

CAPÍTULO 3

MOVE-SE CONTINUAMENTE

e pede para sair da sala muitas vezes

POR QUE ISSO OCORRE?

Porque o estudante *superdotado* não tem estímulos cognitivos adequados e transforma sua energia mental insatisfeita em energia física.

Porque é multitarefa e pode fazer agilmente várias coisas ao mesmo tempo.

Porque se entendia muito.

O QUE FAZER

√ Atribuam-lhe tarefas nas quais ele possa se mover e sair fisicamente da sala de aula.

√ Sejam pacientes.

√ Combinem com ele sobre a possibilidade de se levantar, mas sem perturbar os colegas.

O QUE NÃO FAZER

✗ NÃO esperem que ele fique sentado e parado.

✗ NÃO lhe deem bilhetes de advertência.

✗ NÃO o repreendam.

O que ter em mente

A necessidade de se mover não deve ser confundida com má educação ou desobediência, pois é uma necessidade física do aluno *superdotado* para descarregar energias que não foram utilizadas de outra forma.

Se a atividade for cognitivamente estimulante, ele não terá dificuldade em permanecer sentado, enquanto que, se não estiver suficientemente envolvido, mover-se será o antídoto natural para a frustração.

No caso de um estudante não formalmente identificado como *superdotado*, muitas vezes sua necessidade de se mover é confundida com a inquietação motora dos estudantes com transtorno de déficit de atenção/hiperatividade.

Uma forma empírica, mas bastante válida, para distinguir as duas situações é observar se ele consegue manter a atenção durante um bom tempo em uma atividade que o apaixona ou se seu tempo de atenção, por mais interessante que seja a atividade, diminui. No caso do adolescente *superdotado*, portanto, a necessidade de se mover é gerada pelo tédio, e não pela hiperatividade.

Como intervir

Previnam sua inquietação dando-lhe uma tarefa útil que lhe permita se levantar da cadeira, talvez deixando que ele saia da sala de aula.

Naturalmente, sua inquietação não deve criar desconforto aos outros. Portanto, permitam que ele se mova sem fazer barulho e sem incomodar os colegas.

Os conselhos da especialista

Proibir o estudante *superdotado* de se levantar não limitará seu desejo de encontrar qualquer pretexto para se mover. Tentem pôr fim a seus movimentos com tarefas úteis (verificar o funcionamento da lousa interativa, fazer fotocópias na secretaria etc.), contanto que ele o faça respeitando o desenvolvimento da aula e de seus colegas.

Caso os genitores concordem em fazer pequenos ajustes para facilitar a permanência deles dentro da sala de aula, avaliem se poderia ser útil para a família adquirir uma cadeira ergonômica que permita uma maior amplitude de movimentos, favorecendo que ele se sente de forma ativa e dinâmica tanto na posição sentada tradicional quanto na posição semiereta, potencializando os níveis de energia e a concentração.

CAPÍTULO 4

FICA BRINCANDO

durante as aulas

POR QUE ISSO OCORRE?

Porque o estudante superdotado tem dificuldade de ficar parado em escuta "passiva".

Porque consegue ficar mais atento quando brinca com alguma coisa.

Porque se entedia.

O QUE FAZER

√ Permitam que ele leve para a sala de aula um *fidget*, isto é, um brinquedo "antiestresse".

√ Introduzam atividades criativas e manipulativas.

O QUE NÃO FAZER

✘ NÃO o repreendam se ele brincar em silêncio.

✘ NÃO mandem bilhetes a respeito disso.

✘ NÃO retenham algum material levado de casa que não perturba nem distrai os colegas.

O que ter em mente

As formas com as quais os estudantes *superdotados* optam por se manter ocupados são inúmeras e podem depender do dia, de um interesse momentâneo, de uma paixão que os consome ou simplesmente de um elemento fortuito de distração que utilizam para escapar da monotonia.

Brincar com alguma coisa certamente não pode distraí-los da aula, pois muitas vezes as crianças e os adolescentes *super-dotados* são multitarefas, capazes de acompanhar a aula mesmo que estejam aparentemente distraídos. Provavelmente, se vocês perguntarem sobre o que vocês estão falando, eles poderão não apenas repetir o que vocês disseram, mas também continuar a explicação com argumentos válidos.

Como intervir

Muitos estudantes *superdotados*, especialmente os alunos cinestésicos, aprendem melhor quando conseguem trabalhar com algo tangível. Portanto, tentem pensar em atividades que lhes permitam manusear materiais, envolvendo-os em atividades criativas e manipulativas.

De modo particular, pode ser útil aprender por meio de simulações, isto é, modelando uma realidade simulada. A simulação também pode ser gerida pelo computador, liberando-os da materialidade e permitindo, assim, estendê-la a todos os âmbitos de interesse. Como muitos estudantes com capacidades avançadas demonstram uma criatividade e uma imaginação incríveis, tentem explorar o lado criativo deles, possivelmente elaborando soluções práticas para situações da vida real.

Os conselhos da especialista

→Uma primeira estratégia é a de permitir que eles usem um *fidget* em sala de aula: brinquedinhos para segurar na mão que, graças a seu movimento contínuo (*fidget* em inglês significa justamente "agitar-se"), ajudam a melhorar a concentração e a descarregar o estresse. Geralmente, são objetos pequenos e silenciosos que não incomodam, ao contrário de quando se aperta compulsivamente o botão da caneta.

→Não forcem o estudante superdotado a realizar tarefas rotineiras que ele considera essencialmente chatas e banais: repreendê-lo porque ele está brincando não o motiva a prestar atenção. Em vez disso, ofereçam-lhe alternativas que estejam mais de acordo com seus estilos de aprendizagem e de expressão.

→Vocês podem mapear essas preferências submetendo um questionário contido na plataforma *Renzulli Learning System* (https://renzullilearning.com) que lhes permitirá descobrir o perfil do estudante, identificando os três principais interesses, os três principais estilos de aprendizagem e os três principais estilos expressivos. Planejem atividades de enriquecimento com base nesses importantes elementos.

CAPÍTULO 5
INTERROMPE A AULA

com perguntas e não respeita sua vez

Porque as respostas já são tão óbvias que, para o estudante superdotado, é impossível esperar.

Porque a vez de cada um se baseia no tempo dos outros e não na velocidade de sua reação ao estímulo.

Porque ele tem urgência de compartilhar seus conhecimentos.

Porque quer chamar a atenção do professor ou da professora.

O QUE FAZER

✓ Evitem fazer perguntas genéricas para a turma e dirijam-se diretamente a cada estudante, chamando-o pelo nome.

✓ Recorram ao debate, por exemplo criando dois grupos com posições diferentes.

O QUE NÃO FAZER

✗ NÃO o considerem um prepotente: ele só tem urgência de se expressar.

✗ NÃO o xinguem quando ele não levantar a mão antes de falar.

O que ter em mente

Crianças e adolescentes são Ferraris que, na maior parte do tempo, viajam pelas ruas movimentadas de uma cidade, onde devem respeitar o limite dos 50km/h. Ao forçar continuamente essas poderosas máquinas de corrida a desacelerar e a frear, existe o risco de as fazer ficar "sem combustível", quando, na realidade, gostariam de acelerar nas prestigiadas pistas de Fórmula 1. Portanto, as filas, as esperas e os tempos longos muitas vezes provocam neles um estado de frustração, alimentando a sensação de perder tempo inutilmente.

Na escola, essa impaciência se manifesta sobretudo em sala de aula, quando a urgência de dizer o que sabem os impede de levantar a mão e de esperar para ter a palavra, muitas vezes dando a resposta primeiro, sem respeitar a sua vez nas discussões em aula. Além disso, tendem a monopolizar a conversa com uma infinidade de informações surpreendentemente pertinentes, adquiridas em momentos e de formas que desconhecemos.

Como intervir

Respeitar a própria vez é uma habilidade social que não se limita apenas à escola. Portanto, compreender sua importância também é útil na vida adulta. No entanto, aos seus olhos, o mundo se move lentamente, e, quando tentamos imaginar quanta impaciência essa sensação pode gerar, também compreende-mos melhor o comportamento deles.

Ajudem-lhes a entender que o respeito pelos outros também começa na escuta e deem exemplos de estadistas ou de pessoas famosas que tinham o hábito de ouvir as pessoas, que tomaram decisões importantes depois de darem voz aos mais frágeis, e como essa capacidade de escuta os ajudou a compreender me-lhor como agir como líderes.

Os conselhos da especialista

Às vezes, o ritmo das argumentações que vocês usam como professores e professoras para explicar um assunto, avançan-do passo a passo, pode ser lento demais para eles. Eles podem ter uma sensação de progressão "falsa" no raciocínio, porque é óbvio e banal para eles, e eles gostariam de proceder para níveis de discussão mais avançados ou em uma velocidade maior.

Como ressaltamos, os estudantes *superdotados* precisam de experiências de aprendizagem envolventes e estimulantes, baseadas em seus interesses ou capazes de estimular novos interesses, para poderem frutificar suas potencialidades. Eles precisam de conteúdos que lhes sejam relevantes, que os levem a enfrentar problemas reais e que os estimulem a se envolver com ideias de nível superior, a elaborar soluções defensáveis que ajudem a criar produtos e/ou serviços que tenham um impacto no mundo.

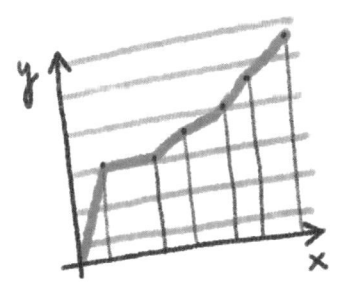

Além de propor conteúdos desafiadores, integrem metodologias envolventes na didática de vocês, a fim de oferecer experiências de aprendizagem significativas, como, por exemplo, o debate.

APROFUNDAMENTO:
O debate

Utilizem o (debate) para envolvê-los na aula sem correr o risco de relegar os colegas a uma posição marginal. O debate é uma metodologia útil para adquirir competências transversais (*life skills*), pois confronta duas equipes de estudantes chamados a debater sobre um tema, sustentando teses contrapostas. O debate é disciplinado por regras e tempos precisos, e prevê vários papéis em seu desdobramento: capitão, oradores e pesquisadores. O papel do cronometrista também é muito importante, pois é ele quem deve garantir que os tempos das intervenções sejam respeitados: no máximo 3 minutos para cada orador. Por fim, cabe aos membros do júri a tarefa de decretar a equipe vencedora.

Essa abordagem não só melhora as competências, já que as crianças e os adolescentes têm de procurar informações pertinentes e selecionar fontes com o objetivo de formar uma opinião, mas também os ajuda a desenvolver competências de oratória e de educação à escuta, a se autoavaliar, a melhorar sua própria consciência cultural e a autoestima. O debate treina a mente a não se fossilizar em opiniões pessoais, a ouvir e a avaliar as opiniões alheias, a fim de desenvolver o pensamento crítico.

Prestem atenção na (competitividade:) crianças e adolescentes *superdotados* não toleram perder, muitas vezes não aceitam sequer essa possibilidade, porque quase sempre têm facilidade nas discussões e consideram a "derrota" não um fato contingente, mas sim uma verdadeira ameaça à sua identidade de *superdotados*.

CAPÍTULO 6

DISCUTE SOBRE TUDO

(regras, opiniões, decisões)

POR QUE ISSO OCORRE?

Porque o estudante superdotado adora discutir.

Porque quer evitar fazer o que não lhe agrada.

Porque põe em discussão convenções sociais, regras, decisões arbitrárias.

O QUE FAZER

√ Utilizem a dramatização (*role playing*) para levá-lo a compreender as diferentes posições e a respeitar as opiniões alheias.

√ Façam com que a discussão ocorra sempre com tons equilibrados e respeitosos.

√ Ajudem-lhe a compreender que, embora sendo inteligente, ele pode errar.

√ Ajudem-lhes a não pensar apenas em "preto e branco".

O QUE NÃO FAZER

✗ NÃO entrem em discussões extenuantes das quais é difícil sair.

✗ NÃO aceitem as provocações.

✗ NÃO o desafiem.

✗ NÃO sejam autoritários, mas tenham autoridade.

O que ter em mente

Crianças e adolescentes *superdotados* adoram discutir: seria possível lhes dar um diploma *honoris causa* em jurisprudência desde o nascimento. Eles discutem sobre tudo: sobre as regras, sobre a disciplina, sobre a punição, como se estivessem em um tribunal.

Crianças e adolescentes *superdotados* tendem a questionar convenções sociais, regras, decisões arbitrárias. Basicamente, discutem sobre quase tudo que não acham certo, eticamente correto, socialmente útil, politicamente aceitável ou sobre o que simplesmente não querem fazer.

Embora sejam capazes de apresentar ótimos argumentos, é importante que a discussão ocorra sempre com tons equilibrados, sem faltar com respeito aos interlocutores.

Esses alunos não apenas dispõem de um conjunto de conhecimentos factuais mais amplo do que seus colegas, mas também capacidades avançadas de pensamento abstrato.

Infelizmente, essas qualidades podem contribuir para a construção de uma visão frágil de si mesmos, pois alimentam a imagem de uma criança ou de um adolescente que não pode errar.

Daí resulta que mudar de opinião significa admitir que se errou e, portanto, que o interlocutor tinha razão. Por não estarem acostumados a lidar com o erro, essas falsas percepções contribuem para formar uma rigidez intelectual que os leva a pensar em "preto e branco".

Oferecer materiais suficientemente estimulantes a esses estudantes permite-lhes desconstruir as fortificações e as resistências de modo a:

- desenvolver empatia e respeito pelas ideias diferentes e recíprocas;
- aceitar tons de cinza em vez de pensar em "preto e branco".

Como intervir

Uma abordagem útil é a dramatização (role playing), na qual se encena uma situação realista que permite experimentar multidimensionalidades e complexidades por meio de pontos de vista diferentes. Nesse "jogo social", pede-se que os estudantes assumam uma posição diante de uma questão importante, levando em conta também fatos do cotidiano (como, por exemplo, a obrigação de usar o véu islâmico hijab). Façam perguntas como: "Você tem a responsabilidade moral de desobedecer a leis injustas?", nas quais o estudante superdotado, por exemplo, personifica um advogado ou um juiz, citando leis e artigos da Constituição, em um hipotético debate com cidadãos livres, expoentes religiosos etc., interpretados pelos colegas da turma, cada um dos quais pode representar posições diferentes.

As dinâmicas da dramatização favorecem:

- experimentar que há uma variedade de opiniões sobre as quais é realmente possível ocupar uma posição intermediária – uma ideia à qual crianças e adolescentes superdotados não estão muito inclinados;

- a compreensão de que o propósito de sua inteligência, na realidade, não é ter razão, mas sim discutir sobre questões complexas, avaliando diversos pontos de vista;
- a adoção de atitudes mais flexíveis, ajudando os estudantes *superdotados* a "pôr-se no lugar" de outra pessoa, experimentando e aprofundando, de "brincadeira" e, portanto, de forma "protegida", outras perspectivas.

Nesse jogo, quem "vence" não é quem demonstra a correção de sua própria posição ou quem argumenta melhor, mas sim quem sabe representá-la melhor, captando suas nuanças, desenvolvendo, assim, a capacidade de saber se pôr no lugar dos outros, separando-a do momento do julgamento.

Os conselhos da especialista

Crianças e adolescentes *superdotados* tendem a não aceitar imposições e a questionar práticas consolidadas. No entanto, mesmo que sejam capazes de argumentar de forma excelente sobre suas próprias motivações, é importante que os adultos não entrem em discussões extenuantes das quais é difícil escapar.

Às vezes suas intervenções são capciosas, outras vezes são motivadas, mas, em todo o caso, é importante evitar que se tornem confrontos gratuitamente polêmicos que corram o risco de enrijecer ainda mais os interlocutores sobre suas respectivas posições.

O conselho é o de captar essas disputas para propor que os estudantes apoiem suas próprias convicções/posições, talvez coletando artigos de jornais diferentes que relatem as diversas posições de vários expoentes de destaque, levando o debate para fora de uma dinâmica aluno *superdotado*-professor ou aluno *superdotado*-colegas. Em particular, esta última poderia ser lida erroneamente como uma tentativa de prevaricação em relação aos colegas da turma.

Por mais brilhante que seja um estudante, ele ainda é um adolescente que precisa de uma orientação de autoridade, e não autoritária, que compreenda sua necessidade de explicações aprofundadas, mas respeitando os papéis de cada pessoa.

CAPÍTULO 7

NÃO FAZ

as tarefas

POR QUE ISSO OCORRE?

Porque o estudante superdotado considera as tarefas uma perda de tempo.

Porque tem poucas habilidades de planejamento.

Porque não amadureceu um método de estudo.

Porque tem medo de apresentar um trabalho medíocre.

O QUE FAZER

√ Reconheçam que, para ele, as tradicionais tarefas para casa são uma perda de tempo.

√ Atribuam tarefas para casa relacionadas com seu nível de habilidade.

√ Identifiquem a causa do comportamento problemático.

√ Reforcem as necessárias capacidades de gestão do tempo.

O QUE NÃO FAZER

✗ NÃO exacerbem seu perfeccionismo.

✗ NÃO subestimem a presença de uma dificuldade de aprendizagem não diagnosticada.

✗ NÃO lhe atribuam tarefas repetitivas ou de pura memorização.

O que ter em mente

Acima de tudo, deve-se ter em mente que, para os estudantes *superdotados*, as tarefas para casa não têm uma importância tão grande. Crianças e adolescentes *superdotados* têm habilidades cognitivas avançadas e aprendem rapidamente, e, por isso, precisam de muito menos repetições do que um estudante típico.

Não é incomum que o estudante superdotado experimente alguns ou todos estes problemas:

- faz as tarefas, mas não as entrega;
- procrastina a realização de exercícios e tarefas;
- realiza-os sem vontade e comete erros por distração.

Pode ser difícil, no início, motivar um estudante a fazer as tarefas. O primeiro passo é entender o que causa essa sua aversão:

1. falta de desafio;
2. desorganização;
3. perfeccionismo;
4. um transtorno de aprendizagem não reconhecido.

1. Falta de desafio

Cada estudante deve receber tarefas para casa que sejam adequadas a seu nível de habilidade, ou seja, nem fáceis demais nem difíceis demais. As tarefas difíceis demais podem causar ansiedade, enquanto as tarefas fáceis demais podem provocar tédio. Em ambos os casos, ele evitará fazer as tarefas para evitar a desagradável sensação que daí deriva.

Quando os estudantes *superdotados* recebem tarefas difíceis demais, eles tendem a não pedir ajuda, porque são muito orgulhosos e pouco propensos a admitir que não conseguem concluir a atividade sozinhos.

Quando as tarefas são fáceis demais, por sua vez, espera-se simplesmente que as crianças e os adolescentes as concluam, apesar do fato de o tédio muitas vezes dificultar a concentração em uma tarefa tanto quanto a ansiedade. Alguns estudantes podem até aceitar realizá-las, mas farão isso de má vontade e com pressa e, consequentemente, cometendo inúmeros erros por desatenção.

2. Desorganização

Crianças e adolescentes *superdotados* são um pouco desorganizados: extraviam os livros, perdem o estojo, esquecem de levar as fotocópias para casa, erram as datas de entrega, a ponto de esquecerem de levar para a escola o caderno com as tarefas prontas.

3. Perfeccionismo

Os estudantes perfeccionistas muitas vezes relutam em fazer as tarefas, porque acham que o trabalho nunca atende a seus padrões, que tendem a ser bastante elevados, causando-lhes frustração.

Com o passar do tempo, eles podem aprender a procrastinar o trabalho para evitar essa frustração. Mesmo no caso de ter efetivamente realizado as tarefas, o estudante pode optar por não as entregar, porque não está plenamente satisfeito com elas ou não acredita que reflitam suas reais capacidades e não quer que o professor ou a professora os avalie. Paradoxalmente, o perfeccionista também pode optar por se esforçar pouco na execução

das tarefas, de modo a atribuir a falta de perfeição de seu traba-
- lho à sua falta de esforço.

4. Dificuldade de aprendizagem

Uma criança *superdotada* com uma dificuldade de aprendizagem não diagnosticada, definida como estudante duplamente
excepcional, pode ter dificuldade em fazer bem as tarefas em casa,
assim como na escola. Ela pode ficar confusa e até se sentir enver-
gonhada por se esforçar. Para ela, é psicológica e emocionalmente
mais fácil evitar fazer as tarefas do que tentar fazê-las. Nesse caso,
ela poderia facilmente se convencer de que, se tivesse feito as tarefas, as teria feito bem, salvando, assim, sua autoestima.

Como intervir

Para resolver os problemas relacionados com as tarefas para
casa é necessário identificar a causa do comportamento problemático e apoiar o estudante em suas dificuldades.

O primeiro passo é avaliar se a aversão às tarefas pode estar sendo provocada por uma dificuldade de aprendizagem não
diagnosticada, e isso pode ser verificado por meio de testes específicos administrados por psicólogos capazes de detectar uma
dupla excepcionalidade.

É importante destacar que as crianças e adolescentes *superdotados* são frequentemente diagnosticados erroneamente com
transtornos como TDAH ou com um Transtorno Opositor Desafiador. Uma vez confirmada a presença de comorbidade, é importante lembrar que, assim como todos os alunos com dificuldades

de aprendizagem, os duplamente excepcionais também precisam de estratégias de aprendizagem específicas para suportar suas fragilidades, assim como níveis de desafio adequados, que levem em conta suas elevadas capacidades cognitivas.

Os conselhos da especialista

Crianças e adolescentes *superdotados* tendem a fazer as tarefas às pressas, pois são sempre fáceis demais para eles, de modo a poderem passar para atividades mais interessantes e estimulantes. É útil atribuir tarefas que não sejam de aplicação de conceitos e regras que o estudante provavelmente já internalizou ou, pior, de simples memorização de dados ou fatos, mas sim um trabalho de extensão dos conteúdos. Por exemplo, atividades de enriquecimento que possam incluir também âmbitos extracurriculares.

Caso o estudante tenha uma área de excelência justamente na disciplina que vocês ensinam, podem propor-lhe uma aceleração. Em todo o caso, o tempo dedicado às tarefas para casa deve ser coerente com o perfil dele e com o reconhecimento de suas necessidades educacionais especiais. Isso também vale em relação a tarefas para as férias: se o ano letivo já foi lento e chato para esse estudante, não peçam que ele passe as férias de verão repetindo conteúdos já aprendidos!

Fazer tarefas adequadamente desafiadoras ajudará o estudante a aprender que programar o tempo para as tarefas é importante e pode fortalecer as necessárias capacidades de gestão do tempo. Outra abordagem criativa para as tarefas é conectá-las aos interesses pessoais.

NÃO GOSTA

de trabalhar em grupo

Porque o estudante superdotado considera que o trabalho em grupo não é vantajoso para ele.

Porque o trabalho é fácil demais ou o ritmo é lento demais.

O QUE FAZER

√ Desenvolvam as habilidades interpessoais do estudante, como debater a argumentação de alguém sem que isso seja interpretado como um ataque pessoal.

√ Ensinem-lhe a fornecer provas de apoio à sua ideia/ponto de vista.

√ Ressaltem que, na vida real e laboral, todos os indivíduos devem ser capazes de trabalhar com outras pessoas com habilidades diversas.

O QUE NÃO FAZER

✗ NÃO o obriguem a trabalhar em grupo.

✗ NÃO orientem demais o trabalho em grupo do qual ele participa.

O que ter em mente

Nos últimos trinta anos, as pesquisas têm evidenciado que a aprendizagem cooperativa [*cooperative learning*] promove o aprendizado, aumentando o rendimento (Slavin, 1980; Webb & Palincsar, 2004), além de desenvolver comportamentos pró-sociais, percepções e convicções socioemocionais positivas (Johnson & Johnson, 1974; Johnson; Johnson; Buckman & Richards, 1985).

No entanto, estudos e pesquisas não forneceram respostas convincentes sobre os resultados da aprendizagem cooperativa para os estudantes *superdotados* (Robinson, 2003). Em particular, a preocupação é que, no trabalho em grupo, esses estudantes possam perceber oportunidades de aprendizagem reduzidas.

Muitos estudantes *superdotados* preferem as atividades individuais às atividades cooperativas (Clinkenbeard, 1991; Matthews, 1992; Li & Adamson, 1992), porque:

- quando os membros do grupo trabalham no mesmo conteúdo, os estudantes *superdotados* reclamam de tédio, porque o nível do trabalho é simples demais ou o ritmo é lento demais;
- acreditam que sua contribuição para o produto final do grupo é maior do que a ofertada pelos outros, e essa desproporção e desigualdade podem levá-los a sentir ressentimento ou a decidir envolver-se menos em futuras atividades de grupo;
- temem que trabalhar cooperativamente os leve a obter notas mais baixas do que as que poderiam alcançar individualmente ou a se sentir insatisfeitos com a qualidade do produto final do grupo.

Como intervir

Estudantes com habilidades cognitivas avançadas precisam de um currículo *baseado em problemas* (*problem-based*) e em *investigação (inquiry-based)* que estimule habilidades de pensamento de ordem superior. Em particular, a aprendizagem investigativa concentra-se em perguntas ou problemas que os estudantes acham intrinsecamente interessantes, relevantes ou significativos.

A educação para superdotados sempre valorizou esses currículos (Boyce *et al.*, 1997; Feldhusen & Kolloff, 1986; Gallagher, 1997), porque são coerentes com as necessidades dos estudantes *superdotados* de abordar questões e problemas desafiadores e de ter a oportunidade de investigar e produzir novas ideias e produtos (Stanley, 1998; Van Tassel-Baska, 2003).

Existem muitas formas diferentes para estruturar as atividades em grupo. Algumas tipologias podem ser menos apropriadas do que outras para os estudantes *superdotados*; por exemplo, quando as interações não são verdadeiramente recíprocas, como ocorre quando os grupos contêm "líderes" e "seguidores" (Parr & Townsend, 2002).

Outras formas de aprendizagem cooperativa, por sua vez, podem ser estruturadas para promover a compreensão e competências de nível avançado.

> Permitam que o estudante superdotado identifique questões ou problemas que deseja investigar e façam com que o ritmo e o escopo da investigação possam ser personalizados, talvez apresentando um estudo de caso. Além disso, em algumas situações, além da avaliação do trabalho em grupo, vocês também podem prever avaliações individuais que permitam um reconhecimento da contribuição e do compromisso assumido.

É sempre importante lembrar que os estudantes que se recusam a trabalhar, seja individualmente ou em grupo, estão tentando nos comunicar uma exigência deles, e é nossa tarefa ajudá-los.

Em muitos países existem Programas para Superdotação que permitem que estudantes *superdotados* colaborem com alunos de igual habilidade cognitiva (não necessariamente da mesma idade cronológica)[4]. As pesquisas têm evidenciado que tais oportunidades não só respondem às necessidades cognitivas deles, mas também permitem criar relações sociais autênticas.

No entanto, como na Itália as crianças e os adolescentes *superdotados* não têm acesso a esses programas especiais (ao contrário do Brasil), os grupos de trabalho devem prever o uso de materiais de nível avançado e um ritmo flexível.

Ao se pensar um trabalho em grupo, é importante considerar que é necessário oferecer aos estudantes *superdotados* uma tarefa desafiadora e a oportunidade de trabalhar com estudantes de igual habilidade cognitiva, sugerindo que, em todo o caso, todos os indivíduos devem ser capazes de trabalhar com outros de habilidades diferentes.

---

4 No Brasil, um exemplo disso são os Núcleos de Atividades de Altas Habilidades e Superdotação (NAHH/S), um projeto do Governo Federal voltado a docentes e discentes da rede pública estadual [N.T.].

Os conselhos da especialista

Se o estudante superdotado não achar útil trabalhar em grupo, vocês podem lhe oferecer a possibilidade de trabalhar em um projeto individual (ou em dupla com um colega, mas somente se ele desejar).

O *Wizard Project Maker* é um interessante componente do SEM, elaborado por Renzulli, Reis e Milan (2021), que promove a aprendizagem em níveis elevados de desafio, ajudando o estudante a compreender o que é um projeto de investigação, desenvolvendo suas habilidades metacognitivas.

Professores e professoras assumem a função de mentores que apoiam o estudante para:

- definir um projeto e um objetivo;
- identificar e avaliar tanto os recursos aos quais têm acesso quanto aqueles de que ele precisa (por exemplo, tutores, tempo para o planejamento e a realização do projeto etc.);
- estabelecer prioridades e definir os objetivos;
- equilibrar os recursos necessários para cumprir mais objetivos;
- aprender com experiências passadas, prevendo os resultados futuros;
- monitorar o progresso, fazendo as modificações necessárias durante o desenvolvimento do projeto.

CAPÍTULO 9

OS RESULTADOS ESCOLARES

não refletem seu potencial

Porque, para o estudante *superdotado*, o currículo não é adequadamente diferenciado.

Porque, ao não ser desafiado, ele não compreende o valor do esforço e do trabalho duro para alcançar os objetivos.

Porque não adquiriu um método de estudo.

O QUE FAZER

√ Valorizem os interesses individuais do estudante.

√ Assumam uma visão evolutiva da *superdotação*.

√ Ofereçam-lhes a possibilidade de participar de Atividades de Enriquecimento de Tipo I, II e III do Modelo Triádico de Enriquecimento do Modelo SEM.

O QUE NÃO FAZER

✗ NÃO subestimem possíveis sinais e indícios de sub-rendimento.

✗ NÃO digam: "Se você trabalhasse mais, seria melhor".

O que ter em mente

O sub-rendimento escolar é comumente definido como uma discrepância entre o potencial (ou habilidade) e o desempenho. Em outras palavras, os superdotados com baixo rendimento são estudantes que mostram uma grave discrepância entre o rendimento esperado e o rendimento efetivo (medido pelas notas escolares e pelas avaliações de professores e professoras [Siegle, 2018]).

A discrepância deve ser suficientemente significativa para gerar preocupação: uma nota ruim não é suficiente para causar alarme, mas é preciso se certificar de que os episódios de baixo desempenho não se transformem em um *sub-rendimento* de longo prazo (Siegle, 2018). A discrepância deve ser crônica: deve ser possível observar padrões de baixo desempenho que devem persistir por um tempo suficientemente longo para serem detectáveis e causarem consequências adversas (Siegle, 2018).

Além disso, deve-se assegurar de que a discrepância entre o rendimento esperado e o efetivo não depende de uma dificuldade de aprendizagem não diagnosticada (Siegle, 2018).

De acordo com inúmeros estudos, pelo menos metade dos estudantes *superdotados* experimenta o sub-rendimento durante seu percurso escolar (Siegle, 2018). Isso se deve ao fato de eles passarem a maior parte de sua experiência escolar em turmas regulares, nas quais o currículo não é diferenciado. Embora professores e professoras gostariam de oferecer as oportunidades educacionais adequadas aos estudantes *superdotados* em sala de aula, poucos professores receberam uma formação específica para compreender as necessidades educacionais dos estudantes *superdotados* e com altas habilidades (Archambault Jr. *et al.*, 1993).

> O sub-rendimento não é um diagnóstico, não é o problema principal (Siegle, 2018). É o sintoma ou o sinal de que existe um problema que se traduz em um desempenho bem abaixo das potencialidades (Warnemunde & Samson, 1991).

Identificar precocemente sinais e indícios pode prevenir essa situação, em vez de ser necessário recorrer a estratégias para tentar reverter esse processo (Siegle, 2018).

> É importante compreender que o sub-rendimento não só prejudica a carreira educacional do indivíduo, mas também suas perspectivas de sucesso na vida adulta. De fato, estudos longitudinais evidenciam que os estudantes com um QI elevado e com notas medíocres tendem a ter um desempenho na idade adulta semelhante ao dos estudantes com um QI dentro da norma e com notas medíocres (Siegle, 2018).

Em outras palavras, o sucesso na vida dos estudantes superdotados está mais intimamente ligado a seu desempenho acadêmico do que a seu potencial.

A falta de valorização de seu talento representa, portanto:

- uma perda potencial para a sociedade,
- uma impossibilidade de autorrealização (Siegle, 2012).

O sub-rendimento escolar dos estudantes *superdotados* muitas vezes começa nos Anos Iniciais do Ensino Fundamental e influencia o sucesso nos Anos Finais e no Ensino Médio, na universidade e na carreira, tornando-se frequentemente um problema persistente e/ou crescente, que também pode levar os estudantes ao abandono escolar (Almukhambetova & Hernández-

-Torrano, 2020; Barbier; Donche & Verschueren, 2019; McCall; Evahn & Kratzer, 1992; Peterson & Colangelo, 1996; Renzulli & Park, 2000; Snyder *et al.*, 2019). As meninas estão particularmente em risco, especialmente na adolescência, pois acreditam que devem esconder suas habilidades para serem aceitas pelo grupo (Winner, 1996).

Como intervir

Um dos elementos-chave do sub-rendimento de muitos estudantes *superdotados* é a incapacidade de compreender o importante papel que o esforço e o trabalho duro têm no desenvolvimento de seus talentos, e isso está frequentemente associado à visão da superdotação que introjetaram. Nesse sentido, a atitude com que as pessoas adultas, pais, mães, responsáveis, professores e professoras falam da *superdotação* a seus filhos e estudantes é muito importante e pode ter efeitos positivos ou negativos sobre a motivação e o rendimento dos jovens.

Voltando às pesquisas de Dweck (2006), podemos pensar em duas atitudes/mentalidades em relação à inteligência: *growth mindset* (mentalidade de crescimento, incremental, evolutiva) ou *fixed mindset* (mentalidade fixa). Os estudantes *superdotados* que têm uma mentalidade fixa acreditam que suas habilidades são inatas e abordam novas situações e oportunidades para demonstrar aquilo que sabem. Tendem a atribuir seu sucesso mais à sua habilidade do que a seu esforço.

Os estudantes *superdotados* e com altas habilidades que têm uma mentalidade de crescimento, por sua vez, consideram suas habilidades maleáveis e acreditam que podem ser desenvolvidas.

Esses estudantes têm uma maior probabilidade de se envolver em tarefas desafiantes e de perseverarem diante das dificuldades do que estudantes que acreditam que as habilidades são inatas e estáticas (Dweck, 1999). Particularmente estes últimos correm um risco de sub-rendimento. Portanto, é importante reconhecer seus dotes excepcionais, mas é igualmente importante evidenciar que o empenho e a determinação contribuem substancialmente para o sucesso, tanto escolar quanto laboral.

Além disso, como já mencionamos, é fundamental propor tarefas significativas e envolver os estudantes, alavancando seus interesses (Dewey, 1913). O interesse em um tema é um melhor preditor da *performance* do que a mentalidade e a convicção na importância da habilidade ou do esforço (Siegle; Rubenstein, Pollard & Romey, 2010).

Motivar algumas crianças e adolescentes *superdotados* pode ser difícil: nem os prêmios, nem as punições parecem funcionar, especialmente para crianças e adolescentes intrinsecamente motivados.

Os conselhos da especialista

As intervenções para reverter o sub-rendimento nos estudantes *superdotados* geralmente se enquadram em duas categorias gerais: intervenções educativo-didáticas (Baum; Renzulli & Hébert, 1995; Rimm; Cornale; Bohrand & Manos, 1989) e apoio psicológico.

Quanto às intervenções educativas, as pesquisas demonstram que o Modelo de Enriquecimento Escolar de Renzulli, Reis e Milan (2021) é capaz de prevenir o abandono escolar ao oferecer aos estudantes a possibilidade de participar em atividades criativas planejadas com base em seus interesses. Desse modo, consegue "fisgar" os estudantes, desenvolvendo seus interesses e o potencial individual, e transformando os estudantes de consumidores de conhecimento em produtores criativos.

Além disso, quando se emprega o Modelo Triádico de Enriquecimento (Renzulli, 1976, 1977), o processo de sub-rendimento escolar pode ser revertido (Baum; Renzulli & Hébert, 1995). De fato, o Modelo Triádico de Enriquecimento estimula o desenvolvimento da produtividade criativa nos jovens, expondo-os a vários temas, ideias e âmbitos de estudo não necessariamente contemplados pelo currículo escolar, utilizando três tipos de enriquecimento.

Todas as atividades de enriquecimento do Modelo SEM têm uma finalidade bem específica: envolver os estudantes em atividades criativas que os permitam experimentar e utilizar o *modus operandi* dos profissionais, com o entusiasmo com que os aprendizes enfrentam seu primeiro cargo de trabalho.

Desenvolve-se a produtividade criativa nos jovens, expondo-os a diversos temas, ideias e âmbitos de estudo, ensinando-os a aplicar conteúdos avançados, habilidades de pensamento e formação metodológica em áreas de interesse (Baum; Renzulli & Hébert, 1995; Renzulli, 1976; Renzulli, 1977).

De modo particular, o estudante superdotado *com sub-rendimento* pode decidir voltar ao jogo participando de uma atividade de nível avançado, selecionada por ele mesmo, em seu âmbito de interesse. Essas experiências de enriquecimento permitem investigar problemas reais cuja solução, que não é óbvia nem unívoca, visa a ter um impacto em um público-alvo.

Esse tipo de investigação representa o ápice da aprendizagem natural, porque permite aplicar as competências e empregar processos avançados em projetos individuais ou em pequenos grupos para a realização de produtos e serviços idealizados e desenvolvidos pelos estudantes. Nesse processo, que representa "a linha de montagem da mente" (Milan, 2020), o papel do estudante é transformado de um estudante diligente em um experimentador direto, em um pesquisador novato.

Outra técnica de diferenciação didática, também desenvolvida pelas pesquisas de Renzulli e Reis, para reconverter o processo de sub-rendimento é a compactação do currículo escolar (*Curriculum Compacting*; Reis & Renzulli, 2005; Renzulli & Smith, 2013), eliminando os conteúdos previamente aprendidos pelo estudante e substituindo-os por atividades mais avançadas (Milan & Zanetti, 2018). Essa técnica de modificação do currículo permite eliminar o tédio e aumentar o comprometimento.

O processo ocorre em três fases (Renzulli & Smith, 2013):

1. definir os objetivos de uma determinada unidade de aprendizagem;
2. determinar e documentar quais estudantes já aprenderam a maior parte ou todas as competências previstas naquela unidade de aprendizagem;
3. fornecer estratégias substitutivas por meio de atividades de enriquecimento e/ou de aceleração escolhidas pelos próprios estudantes que lhes permitam utilizar seu tempo de forma mais produtiva.

No que diz respeito ao apoio psicológico, professores e professoras devem reportar o surgimento de padrões de sub-rendimento ao psicólogo escolar, que, por sua vez, pode sugerir que a família recorra a um apoio externo para evitar que tais padrões se tornem crônicos e possam levar ao abandono escolar.

O pacto educacional

É importante criar uma boa sinergia com a família, ouvindo eventuais perplexidades e indo ao encontro das solicitações, para que as crianças e os adolescentes vejam que seus genitores valorizam os esforços dos professores e das professoras e a vontade da escola de personalizar seu percurso educacional.

Se sua experiência escolar for frustrante, eles poderão igualmente transferir essa decepção para a figura do professor ou da professora, ou de todos os professores, e, a longo prazo, chegar a pensar que as pessoas adultas decepcionarão suas expectativas, que a instituição escolar (e não só) é inútil, e que a educação, o estudo, a carreira universitária não são objetivos interessantes a se buscar. Culpar a escola fará com que o estudante evite responsabilidades pessoais futuras.

COMBATER O *UNDERACHIEVEMENT*

Sugestões didáticas

Desenvolver o potencial de cada estudante é o objetivo irrenunciável para toda instituição escolar. Conforme previsto pelo Modelo SEM, a personalização das aprendizagens, tanto para os estudantes *superdotados* quanto para todos os estudantes da turma, deve levar em conta alguns aspectos importantes.

☑ **Cultivem os interesses**

Ofereçam ao estudante superdotado a oportunidade de aprofundar seu interesse de formas diferentes daquelas puramente escolares, talvez entrevistando um expoente de sucesso naquele âmbito, pondo-o em contato com o gerente de uma empresa de software, convidando-o a escrever um e-mail para o responsável de inovação do Google etc.

☑ **Exponham-no a novas ideias e áreas de interesse**

Às vezes falta motivação ao estudante porque ele ainda não foi exposto àquela que poderá vir a ser uma nova paixão que o fascinará, talvez apenas por alguns meses, ou poderá se tornar a profissão de sua vida.

Proponham atividades de enriquecimento que saiam do currículo tradicional.

☑ *Usem objetivos de curto prazo*

Às vezes, o estudante superdotado, que pode não ter habilidades organizacionais e de gestão de tempo, pode se sentir sobrecarregado por uma tarefa de grande porte. Ele não tem medo de que a tarefa seja difícil, mas pode não ser capaz de ver a luz no fim do túnel. Em vez de iniciar o projeto, ele pode desistir antes mesmo de começar.

☑ *Ensinem-lhe a administrar o tempo*

Desde os Anos Iniciais do Ensino Fundamental, os estudantes *superdotados* não têm problemas em acompanhar os trabalhos. Eles aprendem com rapidez e facilidade.

Embora possa parecer uma verdadeira vantagem, esse aspecto pode conter problemas. Esses estudantes podem nunca aprender a gerir o próprio tempo para concluir o trabalho.

Em certo ponto, no Ensino Médio ou na universidade, podem se sentir sobrecarregados pela carga de trabalho que têm de enfrentar e cair para sub-rendimento – e, em alguns casos, para o abandono escolar.

Ensinem-lhes as vantagens do trabalho duro, buscando uma sensação de satisfação que deriva do esforço, fornecendo-lhes, ao mesmo tempo, um programa de gestão do tempo.

Ajudem-no a assumir o controle

Os *superdotados com sub-rendimento* às vezes veem o sucesso como algo além de seu controle. Quando o alcançam, tendem a atribuí-lo à sorte ou a algum outro fator externo.

Isso ocorre porque grande parte do que fazem e aprendem é fácil para eles. Estão cientes de que podem obter ótimos resultados com pouco esforço.

Isso não os ajuda a compreender o valor que o esforço e a responsabilidade pessoal desempenham no sucesso. Para ajudá-los a ter sucesso, elogiem seus esforços não pelo sucesso em geral, mas sim por um aspecto específico.

Criar conexões entre o currículo e seus interesses

Às vezes, os estudantes não têm motivação porque não veem uma conexão entre o trabalho que lhes é pedido em sala de aula e seus interesses. Proponham atividades que contemplem a resolução de problemas da vida real.

A motivação nem sempre tem a ver com os resultados escolares

Frequentemente, equiparamos a motivação ao rendimento escolar. No entanto, é importante ressaltar que alguns estudantes estão altamente motivados para alcançar certos objetivos, mas estes não são valorizados pela escola, por não estarem relacionados ao currículo.

Anotações

Necessidades emocionais

CAPÍTULO 10

CUSTA A SE INSERIR

no grupo de pessoas da sua idade

Porque a escola agrupa os estudantes por idade em vez de por habilidades ou interesses.

Porque eles precisam de um "amigo de verdade" com habilidades cognitivas semelhantes.

Porque eles gostam de estar com pessoas mais velhas, que sejam intelectualmente estimulantes.

Porque seus colegas podem percebê-los como "diferentes", "*nerds*" ou os "primeiros da turma".

O QUE FAZER

✓ Observem as relações sociais entre os colegas.

✓ Verifiquem a presença de eventuais formas de *bullying* contra os *superdotados*.

✓ Identifiquem eventuais atitudes que poderiam prenunciar uma depressão.

✓ Facilitem a propensão deles a se relacionarem com pessoas de habilidades cognitivas semelhantes, talvez um pouco mais velhas, com as quais possam compartilhar interesses em comum.

O QUE NÃO FAZER

✗ NÃO o obriguem a fazer atividades ou dinâmicas de socialização.

✗ NÃO julguem mal o anticonformismo dele.

O que ter em mente

A superdotação apresenta muitos pontos fortes, mas há uma série de fatores externos e internos que interferem nas experiências emocionais e sociais de crianças e adolescentes *superdotados* e de suas famílias (Moon & Hall, 1998). O desenvolvimento social e emocional de crianças e adolescentes *superdotados* é tão importante quanto seu desenvolvimento intelectual, pois tal desenvolvimento proporciona aos indivíduos as habilidades necessárias para experimentarem, enfrentarem e gerirem eficientemente os desafios particulares na interação com os outros (Papadopoulos, 2021).

Na literatura científica internacional existem posições contrastantes em relação à adaptação social das crianças e dos adolescentes *superdotados*.

No entanto, não existem dados estatísticos significativos que demonstrem que crianças e adolescentes *superdotados* corram mais riscos do que os estudantes normodotados. Pelo contrário, algumas pesquisas evidenciam que crianças e adolescentes *superdotados* se comportam de maneira menos problemática do que seus pares normodotados.

Apesar disso, costuma-se dizer que eles se isolam dos colegas da turma, são antissociais, emocionalmente instáveis, tímidos, têm baixa autoestima e correm o risco de se tornarem solitários e excêntricos, desiludidos, obstinados e até agressivos.

Para Silverman (1983), essas crianças e adolescentes "têm problemas específicos como resultado de certos traços da personalidade ou circunstâncias externas. Entre essas dificuldades, estão: dificuldades com as relações sociais, depressão (muitas vezes manifestada como tédio), altos níveis de ansiedade, dificuldade em aceitar as críticas, esconder os talentos para se adaptar aos pares, anticonformismo e resistência à autoridade, recusa em fazer atividades rotineiras, intolerância à repetitividade e às tarefas".

Além disso, são criticados pela sua excessiva competitividade, baixa tolerância à frustração, intolerância aos outros, falta de um método de estudo.

Na realidade, o desajuste social e a instabilidade emocional não são uma constante, mas sim uma variável, porque há estudantes *superdotados* perfeitamente inseridos e que muitas vezes são líderes empáticos e positivos. "Afirmar que é difícil ser *superdotado*, especialmente para os jovens" (Silverman, 1983), é uma generalização fácil que não se baseia nos fatos, pelo menos em contextos escolares e sociais de apoio (Rost & Czeschlik, 1994).

Comecemos aceitando a ideia de que, para os estudantes *superdotados*, viver em um ambiente escolar onde crianças e adolescentes são agrupados por idade, em vez de por habilidades ou interesses, pode ser um verdadeiro desafio. Portanto, se devemos adotar uma diferenciação curricular para atender suas necessidades acadêmicas, devemos também compreender que eles têm necessidades sociais diferentes de seus pares. De fato, as expectativas de amizade dos estudantes *superdotados* diferem significativamente das de seus colegas da mesma idade cronológica.

Essas crianças e adolescentes não buscam simplesmente um companheiro de brincadeiras e jogos, mas sim uma relação mais madura, um amigo com quem possam construir uma relação baseada na estima e na confiança, um confidente com quem possam compartilhar seus interesses peculiares. Consequentemente, embora geralmente possam estar socialmente bem integrados, muitos podem sentir que não têm a possibilidade de encontrar um "verdadeiro amigo".

Por outro lado, relacionar-se com eles é como falar com um adulto em miniatura: eles são capazes de participar de conversas que vão muito além de sua idade, tendem a apreender conceitos avançados, a procurar debates intelectualmente estimulantes que seus pares raramente sabem iniciar ou sustentar. Então, tentem imaginar a insatisfação que um estudante superdotado pode sentir cotidianamente quando um colega de turma fala com ele sobre um jogo de futebol imaginário, e ele gostaria de discutir política internacional.

É compreensível que eles tentem se relacionar com alguém que consideram um verdadeiro par.

A maioria dos professores e das professoras tende a culpar o estudante superdotado por não querer construir relações sociais com seus colegas de turma, em vez de compreender que, muitas vezes, eles experimentam aquilo que poderíamos chamar de "solidão dos números primos" e precisam de um pouco de ajuda para fazer amigos.

Como afirma Jung (1979), "a solidão não deriva do fato de não se ter ninguém ao redor, mas sim da incapacidade de comunicar as coisas que nos parecem importantes ou de dar valor a certos pensamentos que os outros julgam inadmissíveis".

Como intervir

Para ajudar os estudantes *superdotados* a encontrar amigos de verdade, além do convívio diário com os colegas de turma, seria útil encontrar estudantes, talvez um pouco mais velhos, com quem eles pudessem compartilhar interesses semelhantes. Pode ser preciso procurá-los fora da turma que eles frequentam, talvez dentro da escola inteira, criando atividades nas quais participem estudantes de diferentes idades unidos por uma paixão.

Isso é possível por meio dos *Clusters* de Enriquecimento do Modelo SEM, dos quais falamos no capítulo 1 ("Sente-se entediado(a)").

Outra forma de promover as habilidades sociais é colocar o estudante ao lado de um mentor, que, sendo adulto, pode fornecer a dupla vantagem de ser uma figura que "entende" rapidamente suas intuições e, ao mesmo tempo, fornece-lhe os instrumentos e as competências para buscar sua paixão.

A disponibilidade de mentores pode ser consultada em nível local, mas também existem plataformas online que oferecem esse serviço, como a *Global Mentoring* (https://globaltalentmentoring. org), que reúne jovens apaixonados por STEMM (Ciência, Tecnologia, Engenharia, Matemática, Medicina, na sigla em inglês) com especialistas do setor. Nessa relação colaborativa, uma pessoa – um mentor – compartilha seus próprios conhecimentos, habilidades e experiências com outra pessoa – um aluno – que se beneficia da orientação e da perspectiva do mentor.

A tutoria é considerada um instrumento muito eficaz de desenvolvimento do talento, que pode produzir resultados particularmente positivos nos estudantes *superdotados*. Por meio desse apoio, eles podem adquirir conhecimentos e habilidades específicas em seu campo de interesse e receber conselhos valiosos sobre seus projetos de estudo e de carreira futuros.

O pacto educacional

As famílias desempenham um papel importante, criando oportunidades de socialização com grupos de habilidades cognitivas semelhantes, muitas vezes aderindo a iniciativas organizadas por associações de pais, mães e responsáveis de crianças e adolescentes *superdotados* durante o tempo livre ou nos fins de semana. Muitos genitores relatam que, na primeira vez em que assistiram a uma conversa de seu filho ou filha com uma criança ou adolescente de habilidades cognitivas semelhantes, tiveram calafrios. A conexão foi imediata, a conversa, fascinante, e a empatia, tangível: eles se entendiam com um olhar e dialogavam quase como se se reconhecessem e fossem amigos desde sempre.

Outra oportunidade valiosa para esses estudantes é ir para o exterior, para as principais universidades estadunidenses, para participar de programas de verão com estudantes *superdotados* de diversos países.

Os conselhos da especialista

Outra oportunidade para promover atividades em grupo entre estudantes é a colaboração em projetos online em plataformas didáticas, como o módulo *Global Collaboration* do Renzulli Learning System (renzullilearning.com), que oferece um espaço virtual e protegido para reunir estudantes espalhados pelo mundo que compartilham uma ideia, um projeto, uma visão.

Os estudantes podem ser agrupados em grupos com base nos interesses, estilos de aprendizagem e de expressão, ou os professores e as professoras podem criar grupos personalizados. Os produtos finais dos projetos dos estudantes são compartilhados com professores e professoras, pais, mães, responsáveis e estudantes de todo o mundo como parte do módulo *Fiera Mondiale* do Renzulli Learning.

CAPÍTULO 11 APRESENTA UM

desenvolvimento assíncrono

Porque os estudantes *superdotados* têm "muitas idades" ao mesmo tempo.

Porque o amadurecimento e as habilidades sociais e de *enfrentamento* estão relacionadas com sua idade cronológica, e não com suas habilidades cognitivas elevadas.

Porque crianças e adolescentes *superdotados* precisam (e têm direito a) se relacionar com pares intelectuais.

O QUE FAZER

√ Forneçam-lhes tanto desafios cognitivos adequados às suas potencialidades quanto conforto e apoio adequados à sua idade cronológica.

√ Lembrem-lhes que o comportamento deles está alinhado com aquilo que se espera de crianças ou adolescentes da mesma idade.

O QUE NÃO FAZER

✗ NÃO pensem que ele é social ou emocionalmente imaturo.

✗ NÃO esperem que ele seja capaz de exercitar sobre suas próprias emoções o controle de uma criança ou de um adolescente mais velho.

✗ NÃO considerem que suas capacidades motoras finas estejam igualmente desenvolvidas.

O que ter em mente

Alguns especialistas acreditam que a característica distintiva da *superdotação* é o desenvolvimento assíncrono, e não o potencial ou a habilidade (Webb, 2007).

De fato, uma das definições de *superdotação* é a proposta pelo Grupo Columbus (1991):

A *superdotação* é um desenvolvimento assíncrono no qual habilidades cognitivas avançadas se combinam com uma profunda intensidade, dando origem a experiências interiores e a uma consciência que são qualitativamente diferentes da norma. Essa assincronia aumenta à medida que a capacidade intelectual aumenta. A singularidade dos *superdotados* torna-os particularmente vulneráveis e requer modificações na criação, no ensino e no aconselhamento para que possam se desenvolver de forma otimizada.

O desenvolvimento assíncrono muitas vezes é evidente desde os primeiros anos de escolarização, senão até antes, e torna-se um problema menor à medida que as crianças crescem; porém, as problemáticas podem durar até a adolescência.

Uma característica evidente durante a infância, e que é fonte de frustração para uma criança *superdotada*, surge do fato de que seu desenvolvimento físico pode não estar no mesmo ritmo de seu desenvolvimento intelectual. Suas capacidades motoras finas podem não estar suficientemente desenvolvidas a ponto de lhe permitir realizar o que tem em mente: suas mãos ainda não adquiriram a destreza manual e a coordenação para realizar o que, por sua vez, consegue imaginar e idealizar.

Essa lacuna se reduz gradualmente, e essas dificuldades são menos relevantes para um estudante do Ensino Médio, mas trata-se de um aspecto importante a se conhecer e a se levar em consideração.

Quanto mais dotada for a criança ou o adolescente, mais acentuada é essa assincronia, e isso se dá porque o desenvolvimento intelectual de um indivíduo *superdotado* ocorre muito mais rapidamente do que seu desenvolvimento social, emocional e físico. Devido ao desenvolvimento assíncrono, pode surgir uma série de problemáticas, como perfeccionismo, sensibilidade sensorial, intensidade emocional e dificuldades de interação social (Rinn & Majority, 2008).

Dado que uma criança e um adolescente *superdotados* têm habilidades cognitivas avançadas, talvez pensando e falando como um adulto, alguns professores podem esperar erroneamente que eles também sejam capazes de exercer o controle sobre suas emoções do mesmo modo que uma criança ou um adolescente mais velho (ou mesmo um adulto).

Na realidade, não é assim, e seria injusto esperar isso. Contudo, tanto professores quanto genitores vivenciam a assincronia de forma frustrante, pois lhes parece impossível dialogar com a criança ou o adolescente *superdotado* sobre elevados conceitos filosóficos e, ao mesmo tempo, vê-lo cair no chão em lágrimas porque, por exemplo, seu celular caiu no chão – embora esse seja um comportamento emocional, social e físico típico de sua idade cronológica.

Como intervir

É importante ter expectativas adequadas à idade.

É complicado pensar e interagir com uma criança ou um adolescente que apresenta um padrão de crescimento no qual as diversas áreas se desenvolvem de acordo com ritmos diferentes. Essas crianças e adolescentes, em seu conjunto, são muito astutos, eloquentes e têm uma ótima memória, são dotados de uma grande sensibilidade, sabem ser muito profundos, mas também muito emotivos. Às vezes custam para se inserir na turma frequentada por colegas que apresentam um desenvolvimento de crescimento normal, em que cada aspecto de si mesmos está em sincronia com os outros aspectos.

Professores e professoras podem ter dificuldade em lidar com um estudante cuja maturidade emocional difere notavelmente de sua maturidade cognitiva. Os estudantes com alto potencial devem ser desafiados intelectualmente, mas, ao mesmo tempo, precisam de uma disciplina coerente e justa quando sua imaturidade foge do controle e causa problemas em sala de aula ou no pátio da escola.

Antes de olharmos com surpresa para a reação infantil de uma criança ou adolescente *superdotado* e julgá-lo como social ou emocionalmente imaturo, devemos nos lembrar de sua idade cronológica.

Essas crianças e adolescentes necessitam simultaneamente de estímulos intelectuais avançados e, paradoxalmente, de garantias e apoio emocional que acreditamos que devam ser reservados às crianças pequenas. Professores e genitores devem fazer todos os esforços para lhes fornecer oportunidades adequadas do ponto de vista cognitivo, mas, ao mesmo tempo, devem se lembrar continuamente de que os *superdotados* ainda são adolescentes, com tudo o que isso significa!

Os conselhos da especialista

Quais estratégias os professores e as professoras podem usar para ajudar os estudantes que apresentam um desenvolvimento assíncrono? O enriquecimento certamente é uma das estratégias mais úteis a ser utilizada, mas também é desejável o uso de uma forma particular de aceleração, a *aceleração por disciplina*, que permite fornecer conteúdos avançados em uma determinada matéria ao estudante superdotado. Isso geralmente ocorre ao permitir que o estudante frequente apenas as aulas de sua matéria de excelência em uma turma avançada (por exemplo, enviando um menino do 6º ano do Ensino Fundamental para uma turma do 8º ano da mesma instituição), permanecendo com seus colegas na turma de pertença nas outras matérias curriculares.

O pacto educativo

Os adultos devem ter uma consciência clara do desenvolvimento assíncrono das crianças e dos adolescentes *superdotados*, para que possam conseguir prestar o apoio e a orientação de que podem precisar na escola, em casa e na sociedade. Embora todos precisem de apoio para seu próprio desenvolvimento intelectual, emocional, físico e social, os estudantes *superdota-dos*, com efeito, precisam de mais apoio para encontrar um equilíbrio com suas necessidades intelectuais, emocionais e físicas, e tal equilíbrio pode melhorar sua vida social. Quando uma criança ou um adolescente percebe que está fora de sincronia com seus colegas, pode sentir medo, ansiedade ou depressão.

- Ensinem-lhe estratégias para lidar com o estresse causado por se sentir "fora de sincronia" com os outros, como *mindfulness*, ioga ou artes marciais.

- Ajudem-lhe a explicitar e a listar as coisas menos frustrantes que ele não consegue realizar e as mais frustrantes, de modo a estabelecer prioridades (há objetivos mais importantes do que outros) e a redimensionar as próprias fraquezas.

- Permitam que a criança ou o adolescente *superdotado* conviva com outras crianças ou adolescentes *superdotados* e compartilhe paixões, interesses e hobbies em âmbitos extracurriculares.

Anotações

12 É PERFECCIONISTA

e tem risco de esgotamento

POR QUE ISSO OCORRE?

Porque o estudante superdotado se recusa a aceitar algo que não seja perfeito.

Porque sofre fortes pressões sociais.

Porque coloca padrões elevados e objetivos ambiciosos a si mesmo.

Porque trabalha obsessivamente para salvaguardar sua identidade de *superdotado*.

O QUE FAZER

√ Apoiem-no quando ele cometer erros.

√ Usem a ironia e o bom humor para aliviar o estresse.

√ Encorajem-no a trabalhar também em âmbitos em que ele não se destaca e não pode ambicionar a perfeição.

√ Ajudem-lhe a gerir as preocupações e a ansiedade de desempenho.

√ Utilizem técnicas de relaxamento, meditação, ioga.

O QUE NÃO FAZER

✗ NÃO projetem sobre ele expectativas excessivas devido ao fato de ser *superdotado*.

✗ NÃO lhe digam que ele poderia ter feito melhor.

✗ NÃO se admirem diante dos erros dele.

✗ NÃO apreciem a perfeição, mas sim a excelência.

O que ter em mente

O perfeccionismo é a recusa em aceitar algo que não seja perfeito, a tendência a exigir de si mesmo um desempenho cada vez melhor.

Em geral, os estudantes *superdotados* tendem a estabelecer padrões elevados, mas que, às vezes, podem estar fora do alcance ou da razão, e a estabelecer objetivos ambiciosos, nem sempre realistas (Siegle & Schuler, 2000).

Alguns pesquisadores defendem que não há evidências que justifiquem a ideia de que os indivíduos *superdotados* sejam mais perfeccionistas do que outros, ou que o perfeccionismo seja uma característica constitutiva da *superdotação* (Greenspon, 2017).

Por outro lado, outros acham que os estudantes *superdotados* são mais estressados do que os outros estudantes devido ao perfeccionismo, mas que isso se torna um problema clínico somente quando os impede de apreciar sua competência ou a adequação de seu trabalho (Baker, 1996).

Dito isso, as expectativas sociais que muitas crianças e adolescentes com superdotação experienciam a partir do momento em que recebem esse "rótulo" podem ser elevadas e prementes.

Independentemente de sua origem – constitutiva da *superdotação* ou gerada pelas expectativas sociais –, o perfeccionismo pode impedir a realização pessoal e também o bem-estar emocional do indivíduo.

A perfeição em si mesma é um conceito abstrato, pois qualquer coisa é perfectível, e isso pode gerar uma perene insatisfação.

A exigência de não decepcionar as pessoas pode desencadear uma busca contínua pela perfeição, com custos psicológicos muito altos, até chegar ao esgotamento, ao *burnout*: uma condição de estresse crônico e persistente que leva o sujeito ao esgotamento dos próprios recursos psicofísicos, à manifestação de sintomas psicológicos negativos (apatia, nervosismo, inquietação, desmoralização etc.) que podem estar associados a sintomas físicos (dores de cabeça, dores de estômago, insônia etc.).

Uma das causas que determina o esgotamento nos estudantes *superdotados*, como já mencionamos, são as altas expectativas que derivam do fato de serem identificados como *superdotados* (Davidson Institute, 2021).

Os perfeccionistas geralmente têm medo de fracassar. Enquanto a maioria dos estudantes lida cotidianamente com o erro e com pequenos insucessos, para as crianças e os adolescentes *superdotados* essa experiência não é tão frequente, e o fracasso os devasta a tal ponto que, em alguns casos, preferem até evitar se pôr à prova. Nesse sentido, carecem de estratégias de *enfrentamento*, que estão entre as habilidades mais importantes para a vida.

O perfeccionismo, portanto, pode gerar indecisão, procrastinação e evitamento.

Para não cair nessa armadilha é importante que o estudante aprenda, com o apoio de vocês, a lidar com suas preocupações e a superar sua ansiedade de desempenho.

Aprendendo a superar as próprias preocupações, ele aumentará sua resiliência.

Como intervir

Acima de tudo, é preciso começar compreendendo as origens do perfeccionismo do estudante, que pode nascer de:

- um estudante que exige apenas o melhor de si mesmo;
- pais, mães ou responsáveis que têm grandes expectativas;
- professores e professoras exigentes;
- colegas que o consideram infalível.

Tentem abordar o tema com a criança ou o adolescente, pedindo-lhe que reflita sobre esse aspecto, fazendo-lhe algumas perguntas (Greenspon, 2017):

- Por que a perfeição é tão importante para você?
- Como você se sente quando comete erros?
- Você saberia me explicar o que o assusta e o deixa ansioso?

> É preciso se esforçar para criar um ambiente de aprendizagem em que ele se sinta seguro para poder cometer erros.

Os conselhos da especialista

O perfeccionismo, o desenvolvimento assíncrono e a hiperexcitabilidade podem alimentar a experiência do esgotamento, aumentando sua intensidade ou sua duração.

Infelizmente, não existe um teste para detectar o *burnout*, mas existem indicadores e sintomas, que podem ser de natureza física, psicossocial ou comportamental (Davidson Institute, 2021), tais como:

- ter uma atitude negativa em relação ao empenho escolar, aos professores, aos colegas, aos genitores e a toda a experiência escolar;
- não parecer mais interessado nos assuntos e em seus interesses favoritos;
- demonstrar uma sensação de medo todos os dias quando vai à escola ou a outras atividades;
- experimentar ansiedade ou ataques de pânico mais frequentes;
- apresentar mudanças em seus hábitos alimentares e de sono;
- sentir-se sobrecarregado ou impotente diante de pequenos contratempos;
- sentir dores de cabeça, problemas digestivos ou outros transtornos físicos;
- isolar-se de amigos e familiares;
- estar desmotivado a ponto de não conseguir concluir as atividades, as tarefas ou as obrigações sociais;
- sentir uma sensação de futilidade, desespero ou pessimismo em relação ao próprio futuro.

O estudante superdotado pode manifestar diversas combinações desses sintomas.

Para ajudar o estudante que sofre de perfeccionismo a não alcançar níveis tão altos de estresse, a ponto de chegar ao esgotamento, vocês podem recorrer a algumas técnicas e estratégias.

- Utilizem técnicas de relaxamento (meditação, ioga, respiração profunda, relaxamento muscular), mas também o bom humor, a escrita e o desenho.
- Sugiram que ele leia livros sobre o perfeccionismo e ajudem-lhe a elaborar soluções para não ser vítima dele.
- Elogiem o esforço e não seus resultados. Celebrem os pequenos sucessos.
- Apoiem-no quando ele cometer erros.
- Ajudem-lhe a compreender que os erros são uma parte necessária do processo de aprendizagem e que superar os fracassos leva à resiliência.
- Ajudem-no a aprender a administrar as preocupações e a ansiedade de desempenho, lembrando-lhe de todas as metas de sucesso que ele já alcançou.

Em relação a este último ponto, o aprofundamento que se segue ilustra um útil instrumento do Modelo SEM.

APROFUNDAMENTO:
O Portfólio Geral de Talentos

Para mostrar eficazmente às crianças e aos adolescentes seus próprios pontos fortes e os resultados alcançados, vocês podem usar o Portfólio Geral de Talentos do Modelo SEM (Renzulli; Reis & Milan, 2021): um "passaporte" que viaja com o estudante, coleta as informações e documenta sua experiência escolar.

Ele ajuda estudantes, professores, consultores de orientação e genitores a tomarem decisões sobre os futuros planos educacionais e os projetos profissionais (incluindo a escolha universitária), a escolherem atividades escolares e extraescolares, a avaliarem a participação em competições etc., com base nos pontos fortes e de interesse, nos estilos de aprendizagem e de expressão das crianças e dos adolescentes.

Os principais objetivos do Portfólio Geral de Talentos são:

- **reunir** informações regularmente sobre os pontos fortes dos estudantes;
- **classificar** essas informações com base nas categorias gerais de habilidades, interesses e estilos de aprendizagem;
- **rever e analisar** periodicamente as informações para tomar decisões quanto às oportunidades de fornecer experiências de enriquecimento na turma regularmente frequentadas pelo estudante, nos *Clusters* de Enriquecimento e no *continuum* de serviços especiais;
- **utilizar** essas informações para tomar decisões sobre a aceleração e o enriquecimento na escola e nas escolhas educacionais, pessoais e profissionais subsequentes.

CAPÍTULO 13

É SUPERESTIMULÁVEL

e apresenta alta sensibilidade e intensidade

O QUE FAZER

✓ Expliquem em sala de aula o que é a hiperexcitabilidade.

✓ Evidenciem os aspectos positivos dessa manifestação.

✓ Valorizem a diversidade e as diferenças individuais.

✓ Ensinem-no a reconhecer os sinais de estresse e seus sintomas.

✓ Ensinem-no a administrar o estresse.

✓ Ajudem-no a ser mais consciente do impacto de seus comportamentos sobre os outros.

O QUE NÃO FAZER

✗ NÃO permitam que ele seja ridicularizado pelas suas manifestações de hiperexcitabilidade.

✗ NÃO critiquem essas manifestações.

✗ NÃO reprimam sua sensibilidade e sua emotividade.

✗ NÃO o façam se sentir estranho ou errado.

O que ter em mente

Muitas pessoas criativas e *superdotadas* têm um nível de sensibilidade emocional e hiperestimulação ou hiperexcitabilidade que não é comum em outras crianças, adolescentes e adultos. São precisamente esses altos níveis de sensibilidade e estimulação que dão a energia necessária para alcançar ótimos resultados e levar uma vida interessante (Rimm; Siegle & Davis, 2018).

Recentemente, os especialistas nessa área referiram-se abertamente a essas faculdades específicas das crianças e dos adolescentes *superdotados* com o termo superpoder, que denota a acepção positiva com que se referem à hiperexcitabilidade.

O termo inglês *overexcitability* indica uma tendência inata a responder intensamente a várias formas de estímulos, tanto externos quanto internos. A hiperexcitabilidade é um dos traços que caracteriza a *superdotação*, e acredita-se que as habilidades excepcionais são determinadas precisamente pela sua intensidade "aumentada", pela sua elevada sensibilidade e pela sua tendência a experimentar fortes emoções. Justamente por vivenciarem experiências emocionais com maior intensidade do que seus pares de idade cronológica, eles são muitas vezes definidos como crianças e adolescentes "sem pele".

Trabalhar com estudantes que têm hiperexcitabilidade é desafiador às vezes, e seus comportamentos podem parecer bizarros para alguns, tanto no contexto escolar quanto no contexto familiar e social. Essas crianças e esses adolescentes se sentem diferentes, podem se sentir constrangidos e culpados por não conseguirem dominar essas manifestações, apesar de apresentarem muitos aspectos positivos. De fato, são pessoas entusiasmadas, curiosas, enérgicas e criativas, mas também empáticas, compassivas, com profundos valores morais e éticos. Por vivenciarem o mundo com maior intensidade, seria oportuno que adquirissem boas capacidades comunicativas para compartilhar sua percepção tão intensa do mundo.

Ao mesmo tempo, porém, devido à sua percepção e à sua reação aumentadas aos estímulos externos, eles estão mais sujeitos ao estresse e ao esgotamento. Ajudem-nos a desenvolver estratégias eficazes para lidar com o estresse: falar sobre os próprios sentimentos, fazer exercícios de relaxamento e atividades físicas, cuidar da alimentação, meditar, aprender a pedir ajuda, adquirir capacidades de organização e de gestão do tempo.

Como intervir

Quem manifesta diferentes formas de hiperexcitabilidade vê a realidade de uma forma diferente, mais forte e multifacetada (Dabrowski, 1972). A hiperexcitabilidade nutre, enriquece, reforça e amplifica o talento.

As pesquisas delinearam cinco formas diferentes de *hiperexcitabilidade* (Dabrowski, 1967, 1972; Lind, 2000, 2011), que não se manifestam necessariamente juntas em todas as pessoas *superdotadas*:

- psicomotora;
- sensorial;
- intelectual;

- imaginativa;
- emocional.

Hiperexcitabilidade psicomotora

Os estudantes que manifestam uma hiperexcitabilidade psicomotora são caracterizados por um alto nível de energia, entusiasmo, inquietação e eloquência. Eles têm uma necessidade irreprimível de atividade motora (ficar sentados por muito tempo é uma restrição muito difícil de suportar para eles!), e isso pode fazer com que sejam facilmente vistos como estudantes com TDAH, expondo-os a diagnósticos equivocados. Às vezes correm o risco de agir impulsivamente, comportar-se mal, mostrar atitudes nervosas ou se tornar bastante competitivos (Piechowski, 1991).

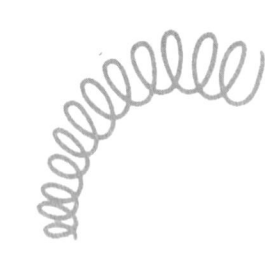

- Dediquem tempo para a atividade física ou verbal antes, durante e depois das atividades diárias e escolares normais: essas crianças e adolescentes precisam "fazer".
- Deem espaço à espontaneidade.

Hiperexcitabilidade sensorial

Manifesta-se como uma experiência ampliada dos cinco sentidos: visão, olfato, tato, paladar e audição podem ser muito fortes e intensos, a ponto de tornarem quase insuportáveis certos cheiros ou perfumes, ou os ruídos e o barulho de alguns ambientes, ou o contato com certos materiais e roupas.

- Ajudem essas crianças e adolescentes a aprenderem a administrar seus sentidos aguçados de uma forma construtiva e não destrutiva.
- Ensinem-nos a criar um ambiente confortável e relaxante que limite tais estímulos.

Hiperexcitabilidade intelectual

É marcada por um forte desejo de adquirir conhecimento, de buscar a verdade, de analisar e sintetizar as informações (Dabrowski & Piechowski, 1977; Piechowski, 1986). São crianças e adolescentes que se preocupam com as questões éticas, têm um forte senso de justiça, de respeito e de equidade, de amor pela verdade, pelas ideias e pela descoberta. Têm uma curiosidade acentuada e uma necessidade de estímulos contínuos para saciar seu apetite intelectual voraz. Às vezes, parecem críticos e impacientes com quem não consegue sustentar seu nível intelectual.

- Compreendam a necessidade de os estudantes intelectualmente hiperestimuláveis encontrar respostas para perguntas importantes.
- Sugiram como lidar de modo produtivo com as questões éticas, como agir diante das emergências sociais, como iniciar campanhas de sensibilização, como usar para o bem sua capacidade de conquistar adeptos. Essas atividades fazem com que eles sintam que podem ser úteis, mesmo que em um pequeno nível, para resolver problemas locais ou globais.
- Ajudem-nos a compreender que sua atitude intolerante em relação aos outros e as críticas explícitas e diretas demais podem ferir as pessoas ou ser consideradas desrespeitosas.

Hiperexcitabilidade imaginativa

São crianças e adolescentes extremamente criativos, dotados de uma imaginação fértil: criam mundos ou amigos imaginários, sonham acordados e pensam em metáforas. Correm o risco de confundir a realidade com a fantasia e, muitas vezes, usam seus dotes para escapar do tédio de um currículo puramente prescritivo.

- Acompanhem-nos em distinguir seu mundo imaginário do mundo real.
- Ajudem-nos a explorar a própria imaginação de uma forma que seja funcional no mundo real, talvez transferindo a forma original com que organizam seus pensamentos fantasiosos para as atividades cotidianas.

Hiperexcitabilidade emocional

Leva a vivenciar sentimentos muito intensos, emoções complexas, alegria irreprimível, a ter um senso de compaixão e de preocupação pelas pessoas, a viver relações profundas, a experimentar um forte apego por pessoas, coisas e lugares. A intensidade de seus sentimentos pode interferir nas atividades cotidianas e gerar ansiedade, medos, preocupações com a morte ou sentimentos de inadequação e de inferioridade.

- Demonstrem que vocês sabem acolher todos esses sentimentos intensos sem pensar que a criança ou o adolescente assumirá atitudes melodramáticas ou excessivas.
- Ajudem-nos a não se sentirem sobrecarregados pelas emoções, a não perderem o controle, evitando as respos-

tas físicas às suas emoções. Se aceitarmos sua intensidade emocional e os ajudarmos a resolver eventuais problemas que possam derivar disso, contribuiremos para um desenvolvimento sadio e harmonioso do indivíduo.

Os conselhos da especialista

Crianças e adolescentes que apresentam um ou mais tipos de hiperexcitabilidade e vivenciam emoções intensas muitas vezes não têm consciência de como suas manifestações podem ser excessivas aos olhos dos outros, a ponto de causarem a perda de controle e a manifestação por meio de respostas físicas. Ajudem-nos a identificar os sinais premonitórios dessas manifestações: se aprenderem a reconhecê-los antecipadamente, conseguirão lidar com as situações emocionais sem perder o controle e sem se sentirem constrangidos.

CAPÍTULO 14

TEM DIFICULDADE DE

autorregulação

POR QUE ISSO OCORRE?

Porque algumas características associadas à *superdotação* (como a hiperexcitabilidade) podem afetar suas capacidades de autorregulação.

Porque o estudante superdotado pode ter pouca confiança em si mesmo e pouca autoestima.

Porque ele pode ter dificuldade de gerir o estresse e a frustração.

O QUE FAZER

✓ Ensinem-lhe que as habilidades de autorregulação são importantes para as relações sociais e para o sucesso escolar.

✓ Ajudem-no a controlar o próprio comportamento, as próprias emoções e os próprios pensamentos.

✓ Estabeleçam objetivos de curto prazo.

✓ Utilizem a encenação e a dramatização (*role play*).

O QUE NÃO FAZER

✗ NÃO tenham expectativas irrazoáveis a respeito das capacidades escolares do estudante.

✗ NÃO exerçam um controle excessivo sobre seu processo de aprendizagem.

O que ter em mente

A autorregulação é a capacidade de controlar o próprio comportamento, as próprias emoções e os próprios pensamentos na busca de objetivos de longo prazo (Gillebaart, 2018) e inclui os conceitos de autocontrole, autogestão e automonitoramento.

Aprender a se autorregular é uma habilidade importante tanto na idade escolar quanto na vida adulta. Um indivíduo com pouca capacidade de autorregulação pode ter falta de confiança em si mesmo e baixa autoestima, além de ter dificuldade de gerir o estresse e a frustração, o que pode provocar raiva ou ansiedade.

A pesquisa no âmbito da Educação para Superdotação se concentrou historicamente nos aspectos psicométricos, cognitivos e acadêmicos. Só recentemente é que se prestou atenção às variáveis socioemocionais (Blackett & Webb, 2011; Piechowski, 1997), aderindo a uma visão holística do indivíduo. Na realidade, as variáveis sociais, emocionais e motivacionais têm uma notável influência na aprendizagem e no bem-estar do estudante.

A autorregulação (*Self Regulation* – SR) e a aprendizagem autorregulada (*Self Regulation Learning* – SRL) não são a mesma coisa, embora esses termos sejam utilizados de forma ambivalente (Oppong; Shore & Muis, 2018). Originalmente, a teoria da SR, articulada por Bandura (1986), referia-se ao componente comportamental e emocional no contexto da vida em geral, especialmente dos adultos (Oppong; Shore & Muis, 2018). No entanto, estudos recentes têm evidenciado conexões entre a *superdotação*, a metacognição, a autorregulação e a aprendizagem autorregulada. Esta última ocupa um lugar de destaque entre esses três importantes aspectos, pois representa uma valiosa contribuição para a compreensão da *superdotação* e para a concepção de planos educacionais para os estudantes *superdotados* (Oppong; Shore & Muis, 2018).

Os processos de aprendizagem metacognitivos e autorregulados são habilidades que, de modo geral, não ocorrem "naturalmente". Zimmerman (1989) sugere que as capacidades de autorregulação podem ser ensinadas, aprendidas e controladas. A autorregulação, portanto, pode ser considerada como "autocontrole aprendido" dentro da relação entre o indivíduo e o ambiente. Professores e professoras, então, podem ajudar os estudantes *superdotados* a aprender como se autorregular. Ziegler e Stoeger (2010) defendem a ideia de incorporar estratégias de aprendizagem autorreguladas na Educação para Superdotação.

A utilização de estratégias de SRL pode ser de grande benefício, e até mesmo essencial, para o sucesso acadêmico de estudantes com elevadas capacidades cognitivas (Ziegler & Stoeger, 2010). Isso ajuda os estudantes *superdotados* a desenvolverem uma abordagem de aprendizagem e um estilo de trabalho bem alinhados com suas habilidades. Além disso, as abordagens baseadas em SRL têm sido reconhecidas como um instrumento valioso para combater o sub-rendimento nos estudantes com potencial para se destacar (Reis & Greene, [s.d.]; Reis & McCoach, 2000).

Como intervir

De acordo com Kaufman (2013), a autodisciplina é um preditor do rendimento escolar melhor do que o QI (Kaufman, 2013). Reis & Greene (2014) defendem que a falta de autorregulação na aprendizagem é uma das experiências mais negativas que os estudantes de altas habilidades podem experimentar.

Os estudantes *superdotados* que compartilham um currículo e ambientes de aprendizagem com seus colegas enfrentam muitos problemas (Ziegler & Stoeger, 2010), como:

- gestão do tempo;
- não conseguirem avaliar sua própria aprendizagem, com a dificuldade de estabelecer objetivos;
- não estarem cientes de suas próprias capacidades.

Nesse sentido, a autorregulação é um processo de aprendizagem integrado e consiste no desenvolvimento de um conjunto de comportamentos construtivos que podem influenciar positivamente a própria aprendizagem (Zimmerman, 1989, 1994; Zimmerman, Bonner & Kovatch, 1996).

De modo particular, a aprendizagem autorregulada, que é um processo dinâmico e complexo (Oppong; Shore & Muis, 2018), pode ser considerada particularmente crucial para os estudantes *superdotados* que, em comparação com seus pares, têm habilidades de nível avançado, a fim de aprenderem a reconhecer os próprios interesses e a melhorarem as próprias habilidades (Bandura, 1986; Zimmerman, 1989), com um impacto positivo não só no desenvolvimento cognitivo e nos resultados escolares, mas também em seu bem-estar.

Segundo Zimmerman (1989, 1990, 1995), a aprendizagem autorregulada envolve a regulação de três aspectos gerais da aprendizagem escolar: pessoal, comportamental e ambiental:

As **estratégias pessoais** dizem respeito ao modo como um estudante organiza e interpreta as informações.

→ As estratégias comportamentais ocorrem quando os estudantes controlam o progresso ou a qualidade de seu trabalho, examinando as ações que realizam durante o processo de aprendizagem (Zimmerman, 1989, 1990, 1995).

→ As estratégias ambientais para a aprendizagem autorregulada implicam o uso de recursos externos e a adaptação do ambiente dos estudantes (Zimmerman, 1989, 1990, 1995).

A metacognição também é importante para a autorregulação, pois ajuda os estudantes a gerirem a motivação, a tomarem consciência e a assumirem o controle do próprio processo de aprendizagem, com repercussões também na aprendizagem socioemocional. Estudantes com boas capacidades metacognitivas:

- são reflexivos e compreendem as próprias emoções;
- conseguem resistir à ação impulsiva;
- estão cientes de que as decisões têm consequências para eles mesmos e para os outros.

Incorporar momentos de reflexão durante o processo de aprendizagem é uma parte fundamental do desenvolvimento de estudantes autorregulados (Housand & Reis, 2009).

Os conselhos da especialista

Para ensinar as estratégias de aprendizagem autorregulada, professores e professoras devem transferir a responsabilidade pela aprendizagem para os próprios estudantes, dando-lhes o controle de suas tarefas de aprendizagem, como ocorre nas oportunidades de enriquecimento do Modelo SEM, tais como as sondagens autosselecionadas de Tipo III ou os *Clusters* de Enriquecimento. Para aprender a autorregulação, Reis e Greene (2014) sugerem ajudar os estudantes a:

- definir objetivos e expectativas;
- fornecer-lhes *feedback*;
- promover discussões em grupo para refletir sobre os problemas;
- estabelecer conexões entre conceitos abstratos;
- conectar as novas experiências à aprendizagem anterior;
- utilizar atividades de aprendizagem experiencial;
- transferir as competências para contextos mais amplos;
- integrar as competências escolares com exemplos da vida real.

Professores e professoras podem promover as habilidades de SRL tornando a aprendizagem significativa, incentivando as interações sociais por meio do diálogo e incluindo estratégias específicas de SRL nas aulas diárias (Oppong; Shore & Muis, 2018). Uma vez aprendidas essas habilidades, os estudantes podem utilizá-las sem ter de recorrer à orientação do professor ou da professora.

Reis e Greene (2014) identificam uma série de perguntas simples com as quais professores e professoras podem orientar os estudantes na aquisição das habilidades de autorregulação.

Na fase que antecede a *performance* propriamente dita e que lança as bases para a ação, professores e professoras sugerem aos estudantes que se façam as seguintes perguntas:

- Quando vou começar?
- Onde farei o trabalho?
- Como vou começar?
- Quais condições irão facilitar ou dificultar as minhas atividades de aprendizagem?

Na segunda fase da aprendizagem autorregulada, que envolve os processos durante a aprendizagem e a tentativa ativa de utilizar estratégias específicas para ter mais sucesso:

- Estou realizando o que esperava fazer?
- Estou distraído?
- Demora mais do que eu pensava?
- Em que condições tenho melhores resultados?
- Quais perguntas posso me fazer enquanto trabalho?
- Como posso me encorajar a continuar trabalhando?

Na fase final da aprendizagem autorregulada, que envolve a autorreflexão após a *performance* para uma autoavaliação dos resultados em relação aos objetivos:

- Realizei o que planejava fazer?
- Como me apliquei durante o trabalho?
- Previ tempo suficiente ou precisei de mais tempo do que pensava?
- Em que condições realizei a maior parte do trabalho?

Por fim, o *scaffolding*, citado na Introdução, serve muito bem como um instrumento de aprendizagem nas teorias metacognitivas e na aprendizagem autorregulada.

O pacto educativo

Pais, mães e responsáveis podem orientar as crianças e os adolescentes a tornarem-se mais autorregulados, agindo eles mesmos como modelos, ajudando-os a adquirir estratégias específicas que lhes permitam aumentar o controle sobre seu próprio comportamento e sobre o ambiente.

As pesquisas também sugerem que um fator de risco para as crianças *superdotadas* são as expectativas irracionais dos genitores em relação às capacidades escolares e ao sucesso dos próprios filhos e filhas, o que pode contribuir para desenvolver dificuldades emocionais e comportamentais, como ansiedade e poucas relações com seus colegas, além de dificuldades na gestão do fracasso escolar (Morawska & Sanders, 2009).

Anotações

CAPÍTULO 15

APRESENTA

sintomas depressivos

POR QUE ISSO OCORRE?

Porque algumas características dos estudantes *superdotados* podem ser fatores de risco.

Porque eles sentem a pressão de expectativas excessivas de professores e professoras, de pais, mães e responsáveis, e da sociedade.

O QUE FAZER

✓ Envolvam um psicólogo escolar para abordar o tema da depressão e do suicídio.

✓ Observem mudanças repentinas de humor e a perda de interesse nos *hobbies*, na escola, nos esportes ou no autocuidado.

✓ Certifiquem-se de que ele não se isole demais dos amigos e da vida social.

✓ Tentem entender se ele faz uso de álcool ou de drogas.

O QUE NÃO FAZER

✗ NÃO critiquem comportamentos que façam parte de sua natureza: ser sensível demais, intenso demais, curioso demais.

✗ NÃO se esqueçam de acolher e alimentar seus interesses individuais, seus pontos fortes, suas habilidades.

✗ NÃO enfatizem os erros e os fracassos.

O que ter em mente

Conforme relatado pelas pesquisas, não há evidências de que a taxa de suicídio nos estudantes *superdotados* seja mais alta ou mais baixa do que em outros estudantes (Rimm; Siegle & Davis, 2018; Cross; Cassady & Miller, 2006; Frazier & Cross, 2006; Gust-Brey & Cross, 1999; Neihart; Reis; Robinson & Moon, 2002; Martin; Burns & Schonlau, 2010). Seria um erro considerar todo estudante superdotado como um potencial suicida (Delisle & Galbraith, 2002). O número de casos de depressão e os níveis de depressão são semelhantes nos adolescentes *superdotados* e *normodotados* (Cross & Andersen, 2016). Apesar disso, existe uma opinião generalizada de que os *superdotados* correm o risco de ter taxas de depressão e de suicídio superiores à média, embora nenhum dado empírico sustente essa convicção, com exceção dos estudantes dotados de talento criativo nas artes visuais e na escrita (Neihart & Olenchak, 2002). No entanto, muitas das características dos estudantes *superdotados*, na realidade, são fatores de risco (Neihart; Reis; Robinson & Moon, 2002; Neihart & Olenchak, 2002; De Souza Fleith, 2001; Schuler, 2002; Reis & Moon, 2002):

- alto funcionamento cognitivo (desenvolvimento assíncrono);
- isolamento social;
- perfeccionismo neurótico;
- hiperexcitabilidade;
- alta sensibilidade e uma elevada consciência dos problemas do mundo, às vezes acompanhada de sentimentos de frustração e impotência devido à sensação de incapacidade de afetar e de melhorar as coisas.

Crianças e adolescentes *superdotados* infelizes manifestam sua infelicidade com modalidades e atitudes comuns a todos os outros jovens: podem se tornar arrogantes, zombar dos outros e menosprezá-los, evitar as responsabilidades, ter uma atitude negativa, desafiar os adultos continuamente, não se esforçar, desistir de se envolver, isolar-se. Mas também podem perder o controle facilmente, irritar-se, ter um sub-rendimento e não sair com os amigos.

Como intervir

A primeira coisa a fazer é dedicar algum tempo e observar essas crianças e adolescentes de modo atento e profundo. Professores e professoras podem reconhecer os sintomas de uma baixa autoestima ou de depressão observando a linguagem do corpo: cabeça baixa, voz quase inaudível, falta de contato visual e postura corporal letárgica são todos sinais de um baixo conceito de si mesmo.

Tristeza, infelicidade que perdura, uma perda geral de interesse, uma energia menor, a falta de apetite e/ou de sono, a dificuldade de concentração são todos comportamentos aos quais devemos prestar atenção.

Os conselhos da especialista

Alguns dos sinais manifestados por adolescentes gravemente deprimidos e em risco de suicídio, identificados e sugeridos pela literatura (Delisle & Galbraith, 2002; Nelson & Galas, 1994), são:

- ameaças de suicídio, ocultas ou diretas, expressadas em tom jocoso ou sério;
- mudanças repentinas de caráter e de comportamento;

- o ato de se livrar de bens de valor;
- urgência para resolver questões insignificantes deixadas em aberto;
- baixa autoestima;
- aumento da irritabilidade;
- comportamento autolesivo e autodestrutivo;
- depressão grave;
- isolamento da família e dos pares;
- recusa a participar de ocasiões sociais;
- perfeccionismo;
- uma percepção excessiva de fracasso.

O pacto educativo

A prevenção do suicídio deve envolver a família, a escola e os colegas (Neihart & Olenchak, 2002). De modo particular, os adultos que, de formas diferentes, acompanham o percurso de crescimento da criança ou do adolescente *superdotados* e que notam alguns dos sinais elencados acima devem abordar o tema do suicídio de modo sério, apoiados por um psicólogo.

É importante ressaltar que os preditores mais importantes de uma eventual depressão são algumas características da criança e do adolescente *superdotados*, como, por exemplo, o tipo de talento, sua inserção no contexto escolar e social, a vida familiar, e não as elevadas habilidades cognitivas.

Em particular, a excessiva preocupação com os erros, além das elevadas expectativas dos genitores e da sociedade, pode provocar uma baixa autoestima e depressão.

A vergonha e o sentimento de culpa pelo "fracasso" podem levá-los ao suicídio.

> Muitos jovens *superdotados* acreditam que são amados devido às suas notas, sucessos e habilidades especiais. Consequentemente, não aceitam cometer erros ou fracassar (Schuler, 2002).

Anotações

CONCLUSÕES

Este caderno de instruções para professores permitiu-nos abordar alguns dos principais aspectos que caracterizam as crianças e os adolescentes *superdotados* para ajudar os educadores a compreenderem melhor as necessidades educacionais, sociais e emocionais desses estudantes.

No entanto, a apresentação de uma série de aspectos que podem – ou não! – manifestar-se não nos deve levar a pensar que o estudante superdotado é uma pessoa "problemática". **A superdotação não é um problema, mas sim um recurso**, um valor adicional com o qual a turma só pode se beneficiar, desde que sejam oferecidos os estímulos e o apoio adequado de que esses estudantes não só precisam, mas também têm direito.

A esperança é de que as competências adquiridas por meio desta breve (e não exaustiva) leitura contribuam para criar em vocês uma nova consciência capaz de ajudá-los a preparar experiências de aprendizagem que permitam a esses estudantes realizarem plenamente seu potencial, em um projeto de crescimento que deverá acompanhá-los na descoberta de seus pontos fortes e de seus interesses (mesmo que não estejam contemplados no currículo escolar), nos quais poderão planejar carreiras escolares, universitárias e de vida profissional felizes.

Na Introdução, apresentamos-lhes a **Carta dos Direitos das Crianças Superdotadas**. Gostaríamos de concluir com a *Carta dos Direitos de Professores e Professoras dos Estudantes Super-*

dotados, que reconhece a professores e professoras o direito de adotarem modelos e estratégias de ensino a fim de garantir que a escola responda também às necessidades desses estudantes (Danielian, 2009).

Os professores e as professoras de estudantes superdotados têm o direito de...

- apoiar os estudantes e promover seus interesses;
- modificar o currículo existente;
- participar de cursos de formação para aprender a identificá-los e a apoiar estudantes *superdotados* de origens diferentes;
- buscar novas ideias e recursos inovadores;
- experimentar novas abordagens, estratégias, práticas e instrumentos em sala de aula;
- fornecer oportunidades de enriquecimento com base nos interesses e nas paixões dos estudantes;
- promover as habilidades de pensamento de ordem superior, a resolução de problemas, a criatividade e a aprendizagem autônoma;
- ter políticas educacionais nacionais, estaduais e municipais que apoiem programas e serviços para os estudantes *superdotados*;
- levar em consideração as diversas origens sociais, emocionais, culturais e econômicas dos próprios estudantes;
- estabelecer os padrões para uma boa prática educacional;
- afirmar: "Este estudante precisa de algo diferente".

BIBLIOGRAFIA

Almukhambetova, A., & Hernández-Torrano, D. (2020). Gifted students' adjustment and underachievement in university: An exploration from the self-determination theory perspective. *Gifted Child Quarterly*, 64(2), 117-131.

Archambault Jr., F. X.; Westberg, K. L.; Brown, S. W.; Hallmark, B. W.; Zhang, W., & Emmons, C. L. (1993). Classroom practices used with gifted third and fourth grade students. *Journal for the Education of the Gifted*, 16, 103-119.

Baker, J. A. (1996). Everyday stressors of academically gifted adolescents. *Journal of Secondary Gifted Education*, 7(2), 356-368.

Bandura, A. (1986). *Social foundations of thought and action: A social cognitive theory.* Englewood Cliffs, NJ: Prentice-Hall.

Barbier, K.; Donche, V., & Verschueren, K. (2019). Academic (Under) achievement of intellectually gifted students in the transition between primary and secondary education: An individual learner perspective. *Frontiers in Psychology*, 10.

Baum, S. M.; Renzulli, J. S., & Hébert, T. P. (1995). Reversing underachievement: Creative productivity as a systematic intervention. *Gifted Child Quarterly*, 39, 224-235.

Bell, L. A. (1989). Something's wrong here and it's not me: Challenging the dilemmas that block girls' success. *Journal for the Education of the Gifted*, 12, 118 130.

Blackett, R., & Webb, J. T. (2011). The social-emotional dimension of giftedness: The SENG model. *Australasian Journal of Gifted Education*, 20, 5-13. https://typeset.io/pdf/the-social-emotional-dimension-of-gi ftedness-the-seng-59ns8nmwut.pdf. Acesso em: 14 jun. 2024.

Bloom, B. J. (1985). *Developing talent in young people.* Nova York, NY: Ballantine Books.

Boyce, L. N.; VanTassel-Baska, J.; Burruss, J. D.; Sher, B. T., & Johnson, D. T. (1997). A problem-based curriculum: Parallel learning opportunities for students and teachers. *Journal for the Education of the Gifted*, 20(4), 17.

Buescher, T.; Olszewski, P., & Higham, S. (1987, April). *Influences on strategies gifted adolescents use to cope with their own recognized talent.* Paper presented at the 1987 biennial meeting of the Society for Research in Child Development, Baltimore.

Clinkenbeard, P. R. (1991). Unfair expectations: A pilot study of middle school students' comparisons of gifted and regular classes. *Journal for the Education of the Gifted*, 15(1), 56-63.

Columbus Group (1991). *Unpublished transcript of the meeting of the Columbus Group.* Columbus OH.

Cross, T. L., & Andersen, L. (2016). Depression and suicide among gifted children and adolescents. In M. Neihart, S. I. Pfeiffer, & T. L. Cross (Eds.), *The social and emotional development of gifted children: What do we know?* (2. ed.). New York, NY: Routledge.

Cross, T. L.; Cassady, J. C., & Miller, K. A. (2006). Suicide ideation and personality characteristics among gifted adolescents. *Gifted Child Quarterly*, 50(4), 295-306.

Csikszentmihalyi, M. (1975). *Beyond boredom and anxiety.* San Francisco, CA: Jossey-Bass Publishers.

Dabrowski, K. (1967). *Personality-shaping through positive disintegration.* Boston, MA: Little, Brown, & Co.

Dabrowski, K. (1972). Psychoneurosis is not an illness. Londres: Gryf, p. 7.

Dabrowski, K., & Piechowski, M. M. (1977). *Theory of levels of emotional development* (Vol. 1-2). Oceanside, NY: Dabor Science.

Danielian, J. (2009). *A Bill of Rights for Teachers of Gifted Students*, www.nagc.org.442elmp01.blackmesh.com/blog/bill-rights-teachers-gifted-students. Acesso em: 14 jun. 2024.

Davidson Institute (2021). *Burnout in gifted children – Social and emotional resources.* www.davidsongifted.org/gifted-blog/burnout-in-gifted-children. Acesso em: 14 jun. 2024.

De Souza Fleith, D. (2001). Suicide among gifted adolescents: How to prevent it. University of Connecticut: *The National Research Center on the Gifted and Talented Newsletter*, Spring 2001, 6-8.

Delisle, J., & Galbraith, J. (2002). *When gifted kids don't have all the answers: How to meet their social and emotional needs.* Golden Valley, MN: Free Spirit Publishing Inc.

Dewey, J. (1913). *Interest and effort in education.* Boston, MA: Houghton Mifflin and Company.

Dweck, C. S. (1999). *Self-theories: Their role in motivation, personality, and development.* Londres: Psychology Press.

Dweck, C. S. (2006). *Mindset: The new psychology of success.* Nova York, NY: Random House.

Eccles, J.; Midgley, C., & Adler, T. F. (1984). Grade-related changes in the school environment: Effects on motivation. In J. G. Nicholls (Ed.), *The development of achievement motivation* (pp. 283-331). Greenwich, CT: JAI Press Eccles.

Feldhusen, J. F., & Kolloff, P. B. (1986). The Perdue Three-Stage Enrichment Model at the elementary level. In J. S. Renzulli (Ed.), *Systems and models for developing programs for the gifted and talented.* Mansfield Center, CT: Creative Learning Press.

Frazier, A. D., & Cross, T. L. (2006). Debunking the myths of suicide in gifted children. *Parenting for High Potential*, 12-15.

Gallagher, J. J. (1997). Least restrictive environment and gifted students. *Peabody Journal Education*, 72(3/4), 153-165.

Gillebaart, M. (2018). The "operational" definition of self-control. *Frontiers in Psychology*, 9, 1231.

Greenspon, T. S. (2017). Helping gifted students move beyond perfectionism. In J. Danielian, C. M. Fugate, & F. Fogarty (Eds.). *Teaching gifted children: Success strategies for teaching high-ability learners.* Waco, TX: Prufrock Press Inc.

Gust-Brey, K. L., & Cross, T. L. (1999). An examination of the literature base on the suicidal behaviors of gifted students. *Roeper Review: A Journal on Gifted Education*, 22, 28-35.

Housand A., & Reis, S. M. (2009). Self-regulated learning in reading: Gifted pedagogy and instructional settings. *Journal of Advanced Academics*, 20, 108-136.

Johnson, D. W., & Johnson, R. T. (1974). Instructional goal structure: Cooperative, competitive, or individualistic. *Review of Educational Research*, 44(2), 213-240.

Johnson, D. W.; Johnson, R. T.; Buckman, L. A., & Richards, P. S. (1985). The effect of prolonged implementation of cooperative learning on social support within the classroom. *The Journal of Psychology: Interdisciplinary and Applied*, 119(5), 405-411.

Jung, C. G. (1979). *Ricordi, sogni, riflessioni.* Milão: Rizzoli.

Kaufman, S. B. (2013). *Ungifted: Intelligence redefined.* Nova York, NY: Basic Books.

Kerr, B. (1983). Raising the career aspirations of gifted girls. *The Vocational Guidance Quarterly*, 32, 37-43.

Kerr, B. A.; Colangelo, N., & Gaeth, J. (1988). Gifted adolescents' atitudes toward their giftedness. *Gifted Child Quarterly*, 32(2), 245-247.

Kramer, L. R. (1991). The social construction of ability perceptions: An ethnographic study of gifted adolescent girls. *Journal of Early Adolescence*, 11, 340-362.

Li, A. K. F., & Adamson, G. (1992). Gifted secondary students' preferred learning style: Cooperative, competitive, or individualistic?. *Journal forthe Education of the Gifted*, 16(1), 46-54.

Lind, S. (2000). Overexcitability and the highly gifted child. *CAG Communicator*, 31(4), 19, 45-48. https://www.davidsongifted.org/gifted-blog/overexcitability-and-the-highly-gifted-child. Acesso em: 14 jun. 2024.

Lind, S. (2011). *Overexcitability and the gifted.* www.sengifted.org/post/overexcitability-and-the-gifted. Acesso em: 14 jun. 2024.

Martin, L. T.; Burns, R. M., & Schonlau, M. (2010). Mental disorders among gifted and nongifted youth: A selected review of the epidemiologic literature. *Gifted Child Quarterly*, 54(1), 31-41.

Matthews, M. (1992). Gifted students talk about Cooperative Learning. *Educational Leadership*, 50(2), 48-50.

McCall, R. B.; Evahn, C., & Kratzer, L. (1992). *High school underachievers: What do they achieve as adults?*. Newbury Park, CA: Sage Publications.

Milan, L. (2020). Dagli USA all'Italia: la didattica SEM nelle scuole di Vicenza. Il Modello di Arricchimento Scolastico (SEM), un approccio inclusivo allo sviluppo del potenziale. *I Quaderni di SeA*, 2.

Milan, L. & Reis, S.M. (2020). The implementation of the Schoolwide Enrichment Model in Italian schools. *International Journal for Talent Development and Creativity*, 8(1-2).

Milan, L., & Zanetti, M. A. (2018). Sostenere lo sviluppo del talento e del potenziale a scuola: un modello inclusivo. *Psicologia dell'Educazione*, 2/2018.

Moon, S. M., & Hall, A. S. (1998). Family therapy with intellectually and creatively gifted children. *Journal of Marital and Family Therapy*, 24(1), 59-80.

Morawska, A., & Sanders, M. R. (2009). An evaluation of a behavioural parenting intervention for parents of gifted children. *Behaviour Research and Therapy*, 47, 463-470.

National Association for Gifted Children. (2010). Redefining giftedness for a new century: Shifting the paradigm. *National Association for Gifted Children.* https://thegiftedchild.weebly.com/uploads/2/3/9/1/23911245/redefining_giftedness_for_a_new_century.pdf. Acesso em: 14 jun. 2024.

National Association for Gifted Children. (2011). *State of the states in gifted education 2010-2011.* Washington, DC: Author.

Neihart, M., & Olenchak, F. R. (2002). Creatively gifted children. In M. Neihart, S. M. Reis, N. M. Robinson, & S. M. Moon (Eds.), *The social and emotional development of gifted children: What do we know?*. Waco, TX: Prufrock Press Inc.

Neihart, M.; Reis, S. M.; Robinson, N. M., & Moon, S. M. (Eds.) (2002). *The social and emotional development of gifted children: What do we know?*. Waco, TX: Prufrock Press Inc.

Nelson, R. E., & Galas, J. C. (1994). *The power to prevent suicide: A guide for teens helping teens.* Mineápolis, MN: Free Spirit.

Oppong, E.; Shore, B. M.; Muis, K. R. (2018). Clarifying the connections among giftedness, metacognition, Self-Regulation, and Self-Regulated Learning: Implications for theory and practice. *Gifted Child Quarterly*, 63.

Papadopoulos, D. (2021). Parenting the exceptional social-emotional needs of gifted and talented children: What do we know? *Children* (Basel), 8(11), 953.

Parr, J. M., & Townsend, M. A. R. (2002). Environments, processes, and mechanisms in peer learning. *International Journal of Educational Research* 37(5), 403-423.

Peterson, J. S., & Colangelo, N. (1996). Gifted achievers and underachievers: A comparison of patterns found in school files. *Journal of Counseling and Development*, 74(4), 399-407.

Pfeiffer, S. I. (2013). *Serving the gifted evidence-based clinical and psychoeducational practice (School-based practice in action)* (1. ed.). Nova York, NY: Routledge.

Piechowski, M. M. (1986). The concept of developmental potential. *Roeper Review: A Journal on Gifted Education*, 8, 190-197.

Piechowski, M. M. (1991). Emotional development and emotional giftedness. In N. Colangelo & G. Davis (Eds.), *Handbook of gifted education* (pp. 285-306). Boston, MA: Allyn & Bacon.

Piechowski, M. M. (1997). Emotional intelligence: The measure of intrapersonal intelligence. In N. Colangelo & G. A. Davis (Eds.), *Handbook of gifted education* (2nd ed., pp. 366-381). Boston, MA: Allyn & Bacon.

Piechowski, M. M. (1999). Overexcitabilities. In M. A. Runco & S. R. Pritzker (Eds.), *Encyclopedia of Creativity* (Vol. 2, pp. 325-334). San Diego: Academic Press.

Reis, S. M. (1987). We can't change what we don't recognize: Understanding the special needs of gifted females. *Gifted Child Quarterly*, 31, 83-88.

Reis, S. M. (1995). Talent ignored, talent diverted: The cultural context underlying giftedness in females. *Gifted Child Quarterly*, 39, 162-170.

Reis, S. M. (1998). *Work left undone: Compromises and challenges of talented females.* Mansfield Center, CT: Creative Learning Press.

Reis, S. M.; Callahan, C. M., & Goldsmith, D. (1996). Attitudes of adolescent gifted girls and boys toward education, achievement, and the future. In K. D. Arnold, K. D. Noble., & R. F. Subotnik (Eds.), *Remarkable women: Perspectives on female talent development* (pp. 209-224). Cresskill, NJ: Hampton Press, Inc.

Reis, S. M., & Greene, M. J. (2014). *Using self-regulated learning to reverse underachievement in talented students.* University of Connecticut: The Renzulli Center for Creativity, Gifted Education, and Talent Development Newsletter.

Reis, S. M., & Greene, M. J. (s.d.). *Using self-regulated learning to reverse underachievement in talented students.* Storrs: University of Connecticut, Neag School of Education, Renzulli Center for Creativity, Gifted Education, and Talent Development, https://gifted.uconn.edu/schoolwide-enrichment-model/self-regulated_learning_reverse_underachievement/. Acesso em: 14 jun. 2024.

Reis, S. M., & McCoach, D. B. (2000). The underachievement of gifted students: What do we know and where do we go? *Gifted Child Quarterly*, 44, 152-170.

Reis, S. M., & Moon, S. M. (2002). Models and strategies for counseling, guidance, and socialand emotional support of gifted and talented students. In M. Neihart, S. M. Reis, N. M. Robinson, & S. M. Moon (Eds.), *The social and emotional development of gifted children: What do we know?* (pp. 251-265). Waco, TX: Prufrock Press.

Reis, S. M., & Renzulli J. S. (2005). *Curriculum compacting, an easy start to differentiating for high-potential students.* Waco, TX: Prufrock Press Inc.

Renzulli, J. S. (1976). The enrichment triad model: A guide for developing defensible programs for the gifted and talented. *Gifted Child Quarterly*, 20(3), 303-326.

Renzulli, J. S. (1977). *The enrichment triad model: A guide for developing defensible programs for the gifted.* Mansfield Center, CT: Creative Learning Press.

Renzulli, J. S. (2021). *Scale Renzulli. Scale per l'identificazione delle caratteristiche comportamentali degli studenti plusdotati.* Trento: Erickson.

Renzulli, J. S.; Gentry, M., & Reis, S. M. (2003). *Enrichment clusters: A practical plan for real-world, student-driven learning.* Mansfield Center, CT: Creative Learning Press.

Renzulli, J. S., & Park, S. (2000). Gifted dropouts: The who and the why. *Gifted Child Quarterly*, 44(4), 261-271.

Renzulli, J. S.; Reis, S. M., & Milan, L. (2021), *Il modello di arricchimento scolastico: Guida pratica per lo sviluppo del talento.* Parma: Edizioni Junior Spaggiari.

Renzulli, J. S., & Smith, L. H. (2013). *Scales for rating the behavioral characteristics of superior students* (3. ed.). Waco, TX: Prufrock Press Inc.

Renzulli, J. S.; Smith, L.; White, A.; Callahan, C.; Hartman, R.; Westberg, K. L.; Gavin, M.; Reis, S.; Siegle, D., & Sytsma, R. (2013). *Scales for Rating the Behavioral Characteristics of Superior Students: Technical and administration manual* (3. ed). Waco, TX: Prufrock.

Rimm, S. (2008). Underachievement syndrome: A psychological defensive pattern. In S. I. Pfeiffer (Ed.), *Handbook of giftedness in children: Psychoeducational theory, research, and best practice* (pp. 139-160). New York, NY: Springer Science.

Rimm, S. B.; Cornale, M.; Behrand, J., & Manos, R. (1989). *Guidebook for implementing the trifocal underachievement program for schools.* Mexborough, UK: Apple Publishing Company.

Rimm, S. B.; Siegle, D. B., & Davis, G. A. (2018). *Education of the gifted and talented.* Nova York, NY: Pearson College (pp. 355-356).

Rinn, A. N., & Majority, K. L. (2008). The social and emotional world of the gifted. In S. I. Pfeiffer (Ed.), *Handbook of giftedness in children: Psychoeducational theory, research, and best practices* (pp. 139-160). Berlim: Springer Science + Business Media.

Robinson, N. M. (2003). The social world of gifted children and youth. In S. I. Pfeiffer (Ed.), *Handbook of giftedness in children: Psychoeducational theory, research, and best practices* (pp. 33-51). Berlim: Springer Science + Business Media.

Rost, D. H., & Czeschlik, T. (1994). The psycho-social adjustment of gifted children in middle-childhood. *European Journal of Psychology of Education*, 9(1), 15-25.

Schuler, P. (2002). Perfectionism in gifted children and adolescents. In M. Neihart, S. M. Reis, N. M. Robinson, & S. M. Moon (Eds.), *The social and emotional development of gifted children: What do we know?* (pp. 71-79). Waco, TX: Prufrock Press.

Siegle, D. (2007). *Gifted Children's Bill of Rights*. http://dev.nagc.org/resources-publications/resources-parents/gifted-childrens-bill-rights. Acesso em: 14 jun. 2024.

Siegle, D. (2012). *Research related to the Achievement Orientation Model as it relates to underachievement of gifted students*. Paper presented at the annual meeting of the American Educational Research Association, Vancouver, BC.

Siegle, D. (2018). Understanding underachievement. In S. I. Pfeiffer (Ed.), *Handbook of giftedness in children: Psychoeducational theory, research, and best practices* (2. ed., pp. 285-297). Nova York, NY: Springer.

Siegle, D.; Da Via Rubenstein, L.; Pollard, E., & Romey, E. (2010). Exploring the relationship of college freshmen honors students' effort and ability attribution, interest, and implicit theory of intelligence with perceived ability. *Gifted Child Quarterly*, 54(2), 92-101.

Siegle, D., & Schuler, P. A. (2000). Perfectionism differences in gifted middle school students. *Roeper Review: A Journal on Gifted Education*, 23, pp. 39-44.

Silverman, L. K. (1983). Issues in affective development of the gifted. In J. VanTassel-Baska (Ed.), *A practical guide to counseling the gifted in a school setting* (pp. 6-21). Reston, VA: ERIC Clearinghouse on Handicapped & Gifted Children.

Slavin, R. E. (1980). Cooperative learning. *Review of Educational Research*, 50(2), 315-342.

Snyder, K.E.; Fong, C. J.; Painter, J. K.; Pittard, C. M.; Barr, S.M., & Patall, E. A. (2019). Interventions for academically underachieving students: A systematic review and meta-analysis. *Educational Research Review*, 28, 1-22.

Stanley, J. C. (1998). Book reviews: VanTassel-Baska, J. (Ed.). (1998). Excellence in educating gifted and talented learners (3. ed.). *Gifted Child Quarterly*, 42(4), 262-265.

Stanley, J. C. (2000). Helping students learn only what they don't already know. *Psychology, Public Policy, and Law*, 6(1), 216-222.

Sternberg, R. J. (2001). Giftedness as developing expertise: A theory of the interface between high abilities and achieved excellence. *High Ability Studies*, 12, 159-179.

Subotnik, R. F.; Olszewski-Kubilius, P., & Worrell, F. C. (2011). Rethinking giftedness and gifted education: A proposed direction forward based on psychological science. *Psychological Science in the Public Interest*, 12(1), 3-54.

Tomlinson, C. A. (1997). *What it means to teach gifted learners well.* www.nwesd.org/wp-content/uploads/2015/08/What-it-Means-to-Teach-Gifted-Lrners-Well.pdf. Acesso em: 14 jun. 2024.

Tomlinson, C. A. (2005). Quality curriculum and instruction for highly able students. *Theory into Practice*, 44(2), 160-166.

Treffinger, D. J. (2009). Myth 5: Creativity is too difficult to measure. *Gifted Child Quarterly*, 53, 245-247.

Van Tassel-Baska, J. (2003). *Curriculum planning and instructional design for gifted learners.* Denver, CO: Love Publishing Co.

VanTassel-Baska, J., & Brown E. F. (2007). An analysis of the efficacy of curriculum models in gifted education. *Gifted Child Quarterly*, 51, 4.

Vygotsky, L. S. (1991). *A formação social da mente* (4. ed). São Paulo: Martins Fontes.

Warnemunde, C., & Samson, J. H. (1991). *Underachievement: Reversing the process a parents guide for assisting your underachiever to success.* Canton, GA: Family Life Publications.

Webb, N. (2007). *Tips for parents: Surviving your gifted teen,* www.davidsongifted.org/db/Articles_id_10408.aspx. Acesso em: 17 abr. 2023.

Webb, N. M., & Palincsar, A. S. (2004). Group processes in the classroom. In D. C. Berliner & R. C. Calfee (Eds.), *Handbook of educational psychology* (2. ed.) (pp. 841-873). Nova York: Routledge.

Winner, E. (1996). *Gifted children – Myths and realities.* Nova York, NY: Basic Books.

Wood, D., Bruner, J. S., & Ross, G. (1976). The role of tutoring in problem solving. *Child Psychology & Psychiatry & Allied Disciplines,* 17(2), 89-100.

Ziegler, A., & Stoeger, H. (2010). Research on a modified framework of implicit personality theories. *Learning and Individual Differences,* 20(4), 318-326.

Zimmerman, B. J. (1989). A social cognitive view of self-regulated academic learning. *Journal of Educational Psychology,* 81, 329-339

Zimmerman, B. J. (1990) Self-Regulated Learning and academic achievement: An overview. *Educational Psychologist,* 25(1), 3-17.

Zimmerman, B. J. (1994). Dimensions of academic self-regulation: A conceptual framework for education. In D. H. Schunk & B. J. Zimmerman (Eds.), *Self-regulation of learning and performance: Issues and educational implications* (pp. 3-21). Hillsdale, NJ: Erlbaum.

Zimmerman, B. J. (1995). Self-efficacy and educational development. In A. Bandura (Ed.), *Self-efficacy in changing societies* (pp. 202-231). Nova York, NY: Cambridge University Press.

Zimmerman, B. J.; Bonner, S., & Kovatch, R. (1996). Developing self-regulated academic learning. *Journal of Educational Psychology,* 81, 329-339.

COLEÇÃO

O QUE FAZER
(E O QUE)
EVITAR

Acesse

LIVRARIAVOZES.COM.BR/COLECOES/
O-QUE-FAZER-E-O-QUE-EVITAR

e veja a coleção completa

Conecte-se conosco:

 facebook.com/editoravozes

 @editoravozes

 @editora_vozes

 youtube.com/editoravozes

 +55 24 2233-9033

www.vozes.com.br

Conheça nossas lojas:

www.livrariavozes.com.br

Belo Horizonte – Brasília – Campinas – Cuiabá – Curitiba
Fortaleza – Juiz de Fora – Petrópolis – Recife – São Paulo

  Vozes de Bolso

EDITORA VOZES LTDA.
Rua Frei Luís, 100 – Centro – Cep 25689-900 – Petrópolis, RJ
Tel.: (24) 2233-9000 – E-mail: vendas@vozes.com.br